大学生の学びをつくる
New Basics for
Collegiate Learning

資本主義がわかる経済学

阿部太郎・大坂 洋
大野 隆・佐藤 隆・佐藤良一
中谷 武・二宮健史郎
伴ひかり 著

大月書店

はじめに

　本書を手に取ったあなたは，きっと現代の経済問題に関心をもっていることだろう．格差と貧困，就職と労働環境，景気と物価など，生活に関わる身近な問題はたくさんある．

　あるいは，それほど身近には感じられないとしても，財政・金融政策，円安・円高といった，ニュースでよく耳にする経済問題について，その意味を理解したいという読者もいることだろう．遠くの出来事に思えるこれらの問題も，私たちの日常生活に様々な形で関わっている．

　私たち一人ひとりにとって，こうした様々な経済現象は，自然現象と同じく，外から与えられる客観的な動きのように思える．株価や為替の報道は，天気予報とよく似ている．景気の変動によって就職が左右されるのも，運の良し悪しのようにいわれることがある．

　しかし，いかなる経済現象も，人間社会が生み出すものであり，あなたもその一端を担っている．日々，世界中のたくさんの人間が，互いに取引をしたり，分業をしたりしながら，無数の生産物をつくり，消費している．経済現象は，そうした一人ひとりの行動の，いわば合成結果として生じている．

　とはいえ，人間が取り結ぶ社会関係のあり方は，太古の昔からずっと同じであったわけではない．私たちは資本主義というしくみの中で生きているが，このしくみが生まれたのは，人類の長い歴史の中ではごく最近のことであり，この先いつまでも続く保証もない．資本主義は特殊なしくみであり，そこには独特の運動法則が見られる．

　様々な経済現象を理解し，問題に対処するためには，私たちが当たり前だと思っている資本主義経済を，あらためて分析してみなければならない．資本主義はどのような特徴をもち，どのようなメカニズムで動いているのか．それを理解することが，本書『資本主義がわかる経済学』の課題である．

本書は，第Ⅰ部「資本主義経済の基礎」，第Ⅱ部「資本主義経済の再生産」の2部構成となっている．

　第Ⅰ部では，資本主義を理解するのに必要な基本概念（私的所有，再生産，剰余，分業，賃金，利潤，投資など）と制度（国家と貨幣制度）を扱う．

　第Ⅱ部では，価格，生産量，雇用量などの決定メカニズムや，その時間を通じた変化（経済成長と景気循環），財政・金融政策，経済の国際的側面（為替レートの決定，為替制度，グローバル化の光と影）を扱う．

　各章末には「キーワード」を掲げ，議論全体をふり返る一助とした．また，「議論してみよう」のコーナーを置いた．一人で，あるいは仲間とともに意見交換することで，各章の内容を深く理解するだけでなく，関連する現象への目配りができるように配慮した．より深く知りたい読者のために，「参考文献」も挙げた．「コラム」では，各章の理論的な内容を補うために，現実のトピックを多く取り上げている．

　大学の初年次生を主な読者として想定しているが，社会人の経験をふまえて経済学を学びなおしたいという方にも役立つはずである．

　本書の中に数式があるのを見て，難しそうに感じる読者もいるかもしれない．しかし，経済学は「量」の分析を含む学問であり，数学的な手法を身につけることで，格段に見通しが良くなる．1行ずつゆっくり確かめながら読んでいけば，きっと理解できるはずである．

　本書を読み通すことで，資本主義とはどのような経済であるかが理解できるだけでなく，現実の日本経済や世界経済で起きている様々な事柄を，理論的につかめるようになると考えている．本書を手に取った方々に，経済学を学ぶ楽しみを知っていただければ，著者一同にとって，これに勝る喜びはない．

2018年12月

著者一同

目次

はじめに iii

第Ⅰ部 資本主義経済の基礎

第1章 資本主義を理解するために……2
1. 所有とは 2
2. 資本主義とは 5
3. 資本主義の歴史的特徴 9

コラム 地球カレンダー 14
コラム 株式会社における所有 15

第2章 再生産,剰余,社会的分業……16
1. 再生産と剰余 16
2. 社会的分業 22
3. 生産の社会的性格と投下労働量 25

コラム 互酬・再分配・市場交換 30

第3章 賃金と利潤……31
1. 労働量の観点から見た賃金 31
2. 貨幣賃金率と実質賃金率 32
3. 個々の資本家にとっての利潤 34
4. 利潤の存在と実質賃金率 37
5. 資本家の利潤動機と搾取 41

数学注 2部門経済での搾取の存在 45
コラム 技術進歩の影響——電卓産業の場合 48

第4章 利潤と資本蓄積……49
1. 一国の経済構造と利潤 49
2. 利潤率の決定 51
3. 利潤決定の諸説 54
4. 資本主義の再生産と利潤率 56

コラム 日本の経済構造 60

第5章 国家と貨幣制度 ……………………………………………………… 61
  1．資本主義の再生産と国家　61
  2．国家財政　64
  3．貨幣制度　67
  4．貨幣量の決定　69
  5．利子率の決定　72
  6．国際的枠組み　74
  コラム　金融の不安定性　76

第Ⅱ部　資本主義経済の再生産

第6章　市場の機能とその限界 ……………………………………………… 78
  1．市場の機能　78
  2．短期と長期　79
  3．価格の短期的決定　80
  4．価格の長期的決定　82
  5．市場の限界　85
  数学注1　均等利潤率　88
  数学注2　利潤率と実質賃金率，相対価格　88
  コラム　格差・貧困問題　90

第7章　生産・雇用の決定 …………………………………………………… 91
  1．経済活動水準の決定　91
  2．生産決定と実質賃金率　94
  3．ケインズ派と新古典派　96
  4．経済拡大策──2つの考え方　98
  コラム　利潤主導と賃金主導　102

第8章　経済成長と景気循環 ……………………………………………… 103
  1．単純再生産と拡大再生産　103
  2．順調な拡大再生産　106
  3．不均衡累積過程　108
  4．景気循環の必然性　112
  5．技術進歩の重要性　113

数学注 2部門経済における順調な拡大再生産経路 116
コラム 利潤率の傾向的低下法則 120

第9章 財政・金融政策 …………………………………………… 121
1. 財政政策の機能 121
2. 日本の国債累積問題 129
3. 金融政策の機能 131
コラム サブプライム危機 137

第10章 外国貿易と為替レート ………………………………… 138
1. 外国貿易と国民経済 138
2. 外国貿易の決定要因 142
3. 為替レートの決定 147
4. 外国為替レート制度と不安定性 152
数学注1 マーシャル＝ラーナー条件 156
数学注2 金利裁定式の導出 156
コラム 国際金融のトリレンマと欧州債務危機 157

第11章 グローバル化と国民経済 ……………………………… 158
1. グローバル化の進展 158
2. グローバル化による国際分業の進展 161
3. 貿易の利益 165
4. 搾取と収奪 171
5. グローバル化と格差の拡大 172
数学注1 $r<r'$ の証明 176
数学注2 有利な交易条件の導出 177
コラム 多国籍企業 178

おわりに 179
索 引 181
執筆者一覧 186

第 I 部
資本主義経済の基礎

第1章

資本主義を理解するために

「市場経済」という言葉を耳にすることはあっても,「資本主義」という言葉を耳にすることは少なくなった.かつては資本主義と社会主義との比較がさかんにおこなわれたが,社会主義体制の「崩壊」以降,資本主義は当たり前のものとされるようになっている.

しかし,資本主義とはいったい何だろうか.この素朴な疑問に対する最も素朴な答えは,「資本主義とは,カネもうけが中心となった世の中のことだ」というものだ.これは決して間違った答えではないが,私たちはまだ,「カネ」とは何かも,「もうけ」とは何かも定義していない.したがって,この定義はとりあえずのものであり,より正確な答えは本書全体を通じて与えられる.

本章では,資本主義がどのようなものかを考えるための基本的な概念を整理し,そして資本主義の歴史的特徴を見ておこう.

1. 所有とは

所有とは決定権

カネもうけが中心の世の中となるためには,どういった条件が必要だろうか.

もうけたカネが他の人間に奪われてしまう世の中なら，カネもうけ中心の世の中にはならない．だから，もうけたカネが自分のものになるようなしくみが，社会の中になければならない．そのしくみが**所有**である．
　所有とは，ヒトがモノに対して有している，いくつかの権利の束である．ここでヒトと書かれているのは，いまこの本を読んでいるあなたのように実在する人間（これを自然人という）だけでなく，法律によって人と同じように権利や義務をもつことができるとされた者（これを法人という）も含んで定義する．また，モノと書かれているのは，色や形のある有体物だけでなく，サービスや権利といった無体物も含んで定義する．
　ヒトがモノを所有することは，**ヒトがそのモノに関する決定を下せる**ということである．なかでも経済学的に見て重要なのは，使用・収益・処分の決定権である．たとえば，あなたがいま読んでいるこの本を所有しているとしよう（立ち読みしているのなら，ぜひ所有してほしい）．すると，あなたはこの本というモノに対して，いくつかの権利を有している．あなたは，この本を読んだり書き込みしたりできるだろう（使用の権利）．あるいは，他人に貸してお金を取れるかもしれない（収益の権利）．売ったり捨てたりすることも（してほしくないけども）やろうと思えばできる（処分の権利）．

所有はヒトとヒトとの関係

　所有は，一見すると，ヒトとモノとの間に成り立つ関係に見える．確かに，資本主義社会においては，モノはモノを所有できず，ヒトはヒトを所有してはならない．ましてやモノはヒトを所有しない．その意味で所有は，ヒトがモノに対して有する関係である．
　しかし実は，**所有はヒトとヒトとの関係**である．あるヒトがあるモノに対して有している権利は，その人にそうした権利があることが他のヒトから認められて初めて行使できる．また，権利の範囲は，他のヒトから無制限に認められているわけではない（他のヒトに危害を加えるような決定は，あらかじめ排

除されていなければいけない）．このように，ヒトがモノに対して有している権利は，他のヒトからの同意や承認が前提とされていたり，必要とされていたりする．その意味で，所有はヒトとヒトとの関係である．

私有・共有・公有

　所有は，どのように他のヒトから認められているかによって，3種類に分けられる．私的所有，共同所有，公的所有である．以下，順に見ていこう．

　ある1人のヒトが，そしてそのヒトだけが，あるモノを所有することが認められている場合を，**私的所有**という（以下，私有という）．また，私的に所有されたモノを私有財産という．あなたが所有しているモノや，ある企業が所有しているモノは，あなたやその企業の私有財産である．

　私有の重要な特徴は，そのモノに関する決定をおこなう際に，第三者から干渉されることがない，という点にある．この意味で，「私的」という言葉は，「排他的」（他人が自分の決定に干渉することを排除できる）と同じである．

　複数のヒトが，ある同じモノを所有することが認められている場合を，**共同所有**という（以下，共有という）．2人のヒトが共同で1つの家を所有している場合，その家はその2人の共有財産である．

　共有の特徴は，モノに関する決定を，複数のヒトが共同しておこなえる点である．共有では，共有財産の決定について，互いに納得しあえるよう話しあいを通じて管理したり利用したりできる一方，あるヒトが共有財産を抜け駆けして使用したり消費したりする危険性もある．

　国家や地方自治体などによって，公的な目的のために法律上設立された法人（これを公の法人という）が所有することが認められている場合を，**公的所有**という（以下，公有という）．国家みずからが所有する場合も，公有の一種と考えられる．

　法人は，法律上ヒトあつかいされているモノであり，実際の決定は，国家や地方自治体に属する一部の自然人がおこなう．この意味では公有は，たと

えその自然人が正当な選挙で選ばれたような場合でも，実質的に，一部の人間が所有していることになる．公有では，そうした一部の自然人が，公の利益のために決定をおこなうことが期待される一方，私利私欲に走って恣意的な決定を下す可能性もある．

これら3つの所有のうち，資本主義社会で基本的なのは私有である．

2．資本主義とは

生産手段の私有

資本主義の特徴の1つに，**生産手段が私有されている**という点がある．ここで生産手段とは，工場や機械設備など，生産するための手段として所有されているモノを指す．生産手段を私有するために必要であったカネも，当然，私有の対象となっていなければならない．

あるヒトがある生産手段を私有している場合，そのヒトは，その生産手段の使用・収益・処分の権利を行使することができ，かつその決定に関して他のヒトから干渉されない．また，私有されている生産手段によって生産されたモノは，生産手段を私有しているヒトの私有財産となる．したがってそのヒトは，生産手段を用いて生産をおこなうことができ（使用），その結果得られたモノを販売することができ（処分），その結果としてもうけを得ることができる（収益）．それゆえ，カネもうけ中心の世の中となるための前提条件に，生産手段の私有がある．

カネもうけのために生産手段を私有しているヒトのことを**資本家**という．現代の資本主義では，生産手段を私有しているのは企業組織であることが多い．この場合，企業という法人を資本家と見なすのも，一つの考え方である．しかし，企業組織の中に働く人間たちは，その企業の生産手段に関する決定権を等しくもっているわけではない．通常は，上位の者の指揮・命令によっ

て下位の者が動くという階層構造をなしており，その頂点には主要な決定権を握っている人間がいる．この人間たちを資本家と呼ぶことは，現代でも可能である．

また，現代の企業組織の多くは，株式会社という形をとっている．株式会社では，生産手段に関する決定権を株主が握っているのか，経営者が握っているのかといった問題があるが，実質的に決定をおこなっている者を資本家と見なすことができる（**コラム**を参照）．

資本家はたいていの場合，生産手段を私有しているだけでなく，生産手段を私有するために必要なカネや，生産手段を用いて得られたモノや，さらにそれでもうけたカネも同時に私有している．これらをすべて含んで**資本**と呼ぶ．したがって，資本家は資本を私有し，その決定権を握っている．資本主義では，資本家は生産手段を資本として私有し，その決定権を排他的に握っている．

生産手段の私有がおこなわれると，もうけたカネをどのように使うかも，生産手段の所有者が決定する．すると資本家は，もうけたカネでさらにもうけようと，カネもうけの元手になりそうなモノをカネを使って入手するという決定を下すことができる．このとき資本家は，資本を増やすため，資本を用いて，資本を入手している．これを**資本蓄積**という．

カネもうけ中心の世の中とは，この資本蓄積が終わることなく続く世の中である．生産手段の私有は，この終わることのない資本蓄積が開始される前提となっている．

分散的所有

資本主義のもう１つの特徴に，生産手段を私有している資本家たちが相互に分散している，という点がある．ここでの「分散している」という意味は，それぞれの資本家が，事前に相談したり，中央当局からの命令に服したりすることなく，それぞれ独立して決定をおこなっている，といった程度の意味

である．この結果，資本家たちは，互いに分業して異なった生産をおこなうと同時に，互いを市場での競争相手として認識し，もうけのために競争することになる．

　生産手段が分散的に私有されているため，資本家はカネもうけのために互いに競争することを余儀なくされる．たとえば，不況になると，資本家は生き残りをかけて，雇っている人を辞めさせたり，給料を引き下げたりする．しかし，まさにこのことが不況をさらに悪化させ，生き残りをさらに難しくしてしまう．こうした不条理は，生産手段が分散的に私有されているために引き起こされる出来事である．

賃金労働者

　生産手段を私有している資本家は，もうけたカネの一部を使って，自分が生きていくために必要なモノを買い，消費することができる．しかし，生産手段を私有していない人たちには，それができない．

　そこで，生産手段を私有していない人は，資本家のもとに働きに出て，稼いでこなければならない．つまり，生産手段を私有していない人は，賃金を得るために，労働する能力（以下，労働力という）を販売せざるをえない．

　賃金を得るために労働力を販売する人のことを**賃金労働者**という．以下，単に労働者といえば，この賃金労働者のことを指す．

　賃金労働者が存在するには，2つの条件が必要である．1つめは，自分の労働力を自由に販売できるという条件である（販売の自由）．2つめは，労働者が生産手段から切り離され，生産手段を私有していないため，労働力を売らなければ生きる糧を得られないという条件である（生産手段からの自由）．

　2つめを「自由」と呼ぶのは違和感があるかもしれない．2つめの条件は，労働者にとって，生きるための選択の自由がない状況に思えるからである．だが，「自由」という言葉には，何かに束縛されていない，つながれていない，といった意味がある．2つめの自由は，生産手段とのつながりが断たれ

ているという意味で,「自由」といわれるのである.この2つの条件を,**二重の意味で自由な労働者**の存在と呼ぶ.

　二重の意味で自由な労働者が生まれたのには,歴史的な背景がある.販売の自由の背景には,労働市場が整備され,契約の自由や職業選択の自由が徐々に保証されるようになったことがある.これは,社会が身分社会から契約社会に移り変わったことが背景にある.生産手段からの自由の背景には,生産が大規模になり,生産手段が巨額化したことがある.生産手段がきわめて安価で入手できれば,労働者といえども生産手段を購入し,みずから資本家になることもできただろう.しかし,生産手段が巨大化・巨額化すると,労働者が働いて得た賃金でそれを購入することは,きわめて難しくなる.

　労働者が生産手段から切り離されているということは,労働者が生産手段に関する決定から排除されていることを意味する.資本家は,モノを販売して得られたカネから自分の取り分をどれくらいにするかを排他的に決定する権利があるのに対し,労働者は,その決定から排除されている.労働者は,生産手段の使用・収益・処分の決定について,自分の働き方を決められなかったり,自分の取り分を自分で決められなかったりという形で,資本家に対して弱い立場に置かれることになる.

階　級

　社会的な集団として一群の資本家が形成されている場合,その集団を**資本家階級**と呼ぶ.同様に,社会的な集団として一群の賃金労働者が形成されている場合,その集団を**労働者階級**と呼ぶ.階級という言葉を使うと,今まで見てきた資本主義の特徴は,以下のようにまとめることができる.

　生産手段を資本として私有している資本家階級は,カネもうけを目的とした経済活動を営んでおり,その目的を達成するために,資本に関する決定権を排他的に握っている.個々の資本家どうしは競争を余儀なくされるため,時に互いに反目しあうこともある.しかし資本家階級としては,もうけを増

やしつづけるためなら，労働者階級にもうけの果実を分けるよりも，もうけをみずからの手にしようとする点で利害が一致している．

　労働者階級は生産手段を私有しておらず，その決定から排除されているため，資本家階級に対して弱い立場に置かれている．また，労働者は，ある資本家のもとを辞めたとしても，別の資本家のもとで働かないと生きていけない．労働者階級は，資本家階級に労働力を売らずして生きていくことができない．

3. 資本主義の歴史的特徴

　資本主義がいつから始まったかについては諸説ある．

　資本主義の最も素朴な定義である，カネもうけの世の中という定義に合わせれば，それはだいたい16世紀前後のヨーロッパにさかのぼることができる．その頃から，もうけを得ることを目的とした市場向けの生産がおこなわれはじめたと考えられている．この時期以降の資本主義を**商業資本主義**と呼ぶことがある．

　資本主義の特徴である賃金労働者を，近代的な工場労働者のことだと考えると，資本主義はそれよりも遅く，18世紀後半から19世紀初頭に成立したと考えられる．これ以降，労働者は自分の労働力を資本家に販売し，工場で働くことで賃金を得るようになっていった．この時期以降の資本主義を**産業資本主義**と呼ぶことがある．

　いずれにせよ，資本主義は太古の昔からあったわけではなく，人類の歴史から見れば比較的新しい経済のしくみである．資本主義を歴史的に見ると，他の社会には見られないような4つの特徴を発見することができる．

高い成長率

　資本主義の歴史的特徴として挙げられるのは，他の社会と比べて高い**成長率**をほこっているという点である．ここで成長率とは，ある年（今年）生産されたモノの量が，その前の年（去年）と比べてどれくらい増えたかを示す指標である．

　他の社会と比べて成長率が高い理由は，資本主義がカネもうけを目的とした社会であることから直接的に導かれる．資本家はカネもうけを目的とし，市場を通じた競争相手としのぎを削って，もうけたカネでさらにもうけようとカネを使う．その結果，資本家の生産手段は拡張し，生産できるモノも増えていく．これが続くことによって，高い成長率が維持される．こうした高い成長率が資本主義において可能となった背景には，生産手段が分散的に私有され，つねに資本家階級に競争圧力がかかっていることがあると考えられる．

　こうして，資本主義社会は，歴史的に見ると，他の社会と比べて高い成長をもたらす傾向にあること，そして少なくとも物質的には豊かな社会を可能にするしくみであることがわかる．

　図表1-1は，生産水準（一人あたり実質GDP）の推計である．西側諸国では，産業資本主義になる以前の西暦1000年から1820年までの間に，800年以上かけて生産水準が2.8倍になった．だが，資本主義化以降の1820年から2003年まででは，200年足らずで生産水準が20倍になった．西側以外の地域では，1820年から2003年までの間に7倍になったにすぎない．

図表1-1　資本主義の高い成長率（一人あたり実質GDP水準，1990年国際ドル）

	紀元1年	1000年	1820年	1913年	2003年
西	569	426	1,202	3,988	23,710
その他	453	451	580	880	4,217

(注)「西」は西ヨーロッパおよびウェスタン・オフシューツ（アメリカ，カナダ，オーストラリア，ニュージーランド）．「その他」はアジア，ラテンアメリカ，東ヨーロッパと旧ソ連，アフリカ．
(出所) アンガス・マディソン『世界経済史概観』（岩波書店，2015年）92ページより作成．

技術革新による労働生産性の上昇

　資本主義の特徴として，**労働生産性**が絶えず上昇している点がある．ここで労働生産性とは，ある労働者がある社会で一日働くとどれくらいモノが生産できるかを示す指標である．たとえば，同じ時間だけ働いても，慣れている人や得意な人のほうがたくさんのモノを生産できるため，生産性は高いだろう．あるいはまた，同じ労働者でも，生産するために利用できるモノが優れている場合には，生産性は高くなるだろう．たとえば田植えをする場合でも，鋤や鍬だけしか利用できない場合よりも，トラクターが利用できる場合のほうが，労働生産性は高くなる．資本主義社会には，労働生産性が高くなりつづけるという特徴がある．

　資本主義社会における労働生産性の上昇を可能にしたのが，絶えざる**技術革新**である．ここで技術革新とは，生産するための新しい技術が発明・開発されることである．技術革新が資本主義においてたび重なって生ずる背景には，資本家階級の間で競争がおこなわれている点が挙げられる．個々の資本家は，他の資本家より少しでも多くのもうけを得ようと，新しい技術を導入し，競争を有利にしようとする．

　歴史的に見ると，①18世紀中葉に起こった産業革命以降，工場生産がおこなわれるようになった．②19世紀前半から広まった蒸気機関は，陸上輸送に革命をもたらした．③19世紀後半に起こった第2次産業革命では，電力と石油が新しいエネルギー源となった．④20世紀半ばには，大量消費を可能にする大量生産技術が誕生した．⑤21世紀ではIT革命が進行中である．

　これらの技術革新は，ほぼ50年周期で生じている．こうした技術革新により，労働生産性は飛躍的に上昇することになった．

景気循環

　生産性の上昇によってもたらされる成長が，永続的に続くことはない．資

本主義は，成長する時期がしばらく続いた後に，停滞する時期に直面する．これを**景気循環**という．

　景気循環がなぜ生ずるかについては，いくつかの理由が指摘されている．たとえば，上で述べた技術革新と長期の景気循環（長期循環）との間には，密接な関係があると考えられている[1]．新しい革新的技術の導入は，非常に長い成長期をもたらす．しかし，この技術が時代遅れになると，景気は徐々に後退し，停滞期に突入する．この停滞期は，さらなる新しい技術革新が生じるまで続く．

　資本主義経済で観察される循環運動には，長期循環の他にも，在庫投資循環（キチン循環），設備投資循環（ジュグラー循環），そして建築循環（クズネッツ循環）がある．それぞれの周期は約40ヵ月，約10年，約20年となっている．それぞれが絡みあいながら，現実の変動が生み出される．資本蓄積を核として運動している資本主義では，設備投資循環が重要である．

　資本家がどれくらいモノをつくるかという決定と，そのためにどれくらいモノを買うかという決定は，資本家階級全体として整合的である保証はない．これは資本が分散的に私有されているために生ずる現象である．いずれにせよ，資本主義はその歴史的特徴として，拡大と縮小をくり返すような不安定性をもつ．

格差の拡大

　資本主義の運動は景気循環をともなうだけでなく，富む者と富まざる者との間の格差をともなう．

　生産手段が私有され，賃金労働者が生産の決定から排除されている資本主義では，資本家が有利に富を得るような決定をおこない，労働者が不利にし

1） 成長期と停滞期を合わせるとほぼ50年となる景気循環は，長期波動，あるいは（発見者の名前にちなんで）コンドラチェフ循環と呼ばれることがある．この景気波動は，時代を画する技術革新の出現とほぼ一致している．イマニュエル・ウォーラーステイン責任編集『長期波動』（藤原書店，1992年）などを参照．

か富を得られないことが生じうる[2]．資本と労働との間の格差が拡大していく傾向が，資本主義にはある．

しかし，資本主義の存続という観点から見れば，それには一定の限界がある．労働者が受け取る賃金が低ければ低いほど，資本に対するもうけは高くなり，それは資本家にとって望ましい．しかし，もし賃金が低下しつづけ，労働力の再生産もできないほどになってしまうと，労働力が供給されず，資本主義そのものが維持できなくなってしまう．

資本主義の特徴を，私有の観点から見てきた．以下の章ではさらに，資本主義が動いていくための基本的な道具立てにはどのようなものがあるかを探っていこう．

【キーワード】
　私的・分散的所有，資本家，賃金労働者，景気循環，格差

【議論してみよう】
1. 資本主義の基本的な特徴は何か．
2. 労働者にとっての「自由」の意味を考えてみよう．
3. 経済的な格差の大きさは，どのような指標で測られるだろうか．

【参考文献】
置塩信雄・鶴田満彦・米田康彦『経済学』(大月書店，1988年).
イマニュエル・ウォーラーステイン『史的システムとしての資本主義』(岩波書店，1997年).
エレン・メイクシンス・ウッド『資本主義の起源』(こぶし書房，2001年).

---

[2] トマ・ピケティ『21世紀の資本』(みすず書房，2014年)によれば，資本主義は，長期的には，資本収益率が経済成長率を超えるという傾向があり，これが富む者と富まざる者とが偏る傾向につながるという．

コラム：地球カレンダー

　地球カレンダーというものを知っているだろうか．地球が誕生したのは約46億年前といわれている．この地球誕生の46億年前を，1年のカレンダーの1月1日の午前0時とし，現在を12月31日の深夜24時とする．すると，地球の歴史を1年に縮小したカレンダーができあがる．これが地球カレンダーである．地球上で起こった出来事は，すべてこのカレンダー上のどこかの日付に記入されることになる．

　私たち人類，つまりホモ・サピエンスは，20〜30万年前に誕生したとされている．これを地球カレンダー上で示すと，大晦日の12月31日深夜23時30分頃のことにすぎない．人類の歴史は，地球カレンダー上ではわずか30分である．その30分のほとんどを，人類は狩猟採集経済を営んで暮らしてきた．

　農耕の始まりにも諸説あるが，新石器時代と呼ばれる1万年前のことだとすると，だいたい23時59分頃．農業の歴史は，わずかに1分である．

　資本主義の始まりをどこに置くかも諸説あるが，仮に16世紀頃とすると，その歴史はわずか3秒程度である．19世紀以降の工業化された資本主義に至っては，わずか1秒である．

　ところで，恐竜は地球カレンダー上で1週間ほど生息していたことが知られている．人類の歴史がわずか30分であることを思えば，私たち人類が現代の生活を維持しながら恐竜よりも長く地球上に生息できるかどうかは，きわめて疑わしい．こんなことも，資本主義社会の持続可能性を考えなおすきっかけになるのではないか．

コラム：株式会社における所有

　現代の日本には多くの企業があり，その大部分は株式会社である．それはいったいどういう組織であろうか．

　株式会社のしくみは，以下のようなものである．その企業に一定額の資金を出したヒト（出資者）は，株式を保有して株主となる．株主は，その企業の株式のうち自分が保有している割合に応じて，その企業の決定に関与し，利潤の配当を受ける．このしくみにより，少額での出資が可能となり，多数の出資者から資金を集めることができる．

　株式会社の最高決定機関は株主総会である．しかし実際の経営にあたっては，株主総会で選任される取締役会，さらにそこで選出される代表取締役（社長やCEOと呼ばれる）が，経営者として決定をおこなう．労働者の雇用や指揮・監督，設備投資や利益配分などについて，直接に決定をおこなうのは，代表取締役を中心とする取締役会である．しかし，その決定に対して，株式の大半を握る大株主や，その企業に資金を貸している金融機関，あるいはその企業が所属する企業グループの経営者などが，強い影響を及ぼすこともある．

　現代の資本主義においては，労働者も株式を保有することがある．しかし，少額の株式を持っている程度では，企業の決定に影響を及ぼすことはできない．決定権をめぐる資本家階級と労働者階級との格差は，今も存在している．

　私的利潤を追求する資本家の決定は，労働者や消費者，地域住民や自然環境などに，しばしば犠牲を強いる．これにかわる生産決定のあり方として，労働者みずから企業を所有する労働者自主管理や，消費者などが出資し運営する協同組合などが試みられてきた．読者になじみのある大学生協は，学生・教職員が出資者となり，理事会・総代会などを通じて事業運営に関与することで，割引販売など学生・教職員の利益を追求している．

第2章

再生産，剰余，社会的分業

　人間が生きていくためには，何が必要だろうか．人間は，植物のように光合成をすることもなければ，肉食獣のような捕食活動をすることもない．しかし，人間が生きていくためには，動植物とは違った形でではあれ，外界の自然に働きかけ，自然を何らかの形で変革することで，みずからの生命維持活動をおこなわなければならない．

　人間がみずからの存続を確保するために必要な活動としての自然の変革活動が，最も広い意味での**生産**である．生産は，資本主義社会であるか否かに関わりなくおこなわれる活動である．本章では，生産について見ていこう．

1. 再生産と剰余

投入と産出

　人間は，自然に働きかけ，自然を変革することで，欲求や必要などを満たすためにモノをつくる．これが生産活動である．

　人間は生産にあたって，素手で自然に立ち向かうのではなく，まずモノをつくるために必要なモノをつくって，それを利用して生産活動にあたる．モノをつくるのに必要なモノ（原材料や道具や機械など）を**投入**と呼び，投入を用いてつくられたモノを**産出**と呼ぶ．すると，生産とは，投入を用いて産出

をつくることであるといえる.

投入にはいくつかの種類がある．生産のために人間がおこなう行為を**労働**という．生産には労働だけでなく，すでに生産されているモノも必要であり，これを**生産手段**という．産出は**生産物**ともいう．

コメ経済の投入・産出

ここでは，考えられるかぎり最も簡単な生産のあり方を考えよう．すなわち，この経済には労働以外に，1種類のモノ（コメとしよう）しか存在しないと仮定する．もちろん，経済に1種類のモノしかないという想定は非現実的である．しかし，簡単な想定から始めるのは，理解を進めるのに有効である．

この経済では，人間はコメを投入してコメをつくり，そのコメを消費して生存を維持していく．このコメの生産に要する時間の長さを**生産期間**と呼び，それを1年としよう．生産期間の初めにコメを投入し，生産期間の終わり（1年後）にコメを収穫する．

以下では，生産期間の初めに，労働者が10時間働いて50kgのコメをまいたとしよう．そして，1年後に100kgのコメが収穫できたとしよう．この経済では，投入が「コメ50kg，労働10時間」，産出が「コメ100kg」である（図表2-1）．

再 生 産

ある経済において，生産がくり返しおこなわれつづけることを**再生産**とい

図表2-1　コメ経済の数値例

投　入		産　出
コメ　50kg	1年後	コメ100kg
労働10時間	⟶	

う．人間が生きつづけるためには，一度きりの生産がおこなわれるだけでは不十分であり，再生産がおこなわれることが必要である．

また，ある社会が再生産されるとは，モノが生産されつづけることだけでなく，生産をおこなうヒトとヒトとの関係（**生産関係**）が維持されることが含まれている．

以下，再生産のためにはどのような条件が必要かを考えてみよう．

純 生 産

まず，生産がおこなわれつづけるためには，毎年，生産活動で消耗する生産手段が補填(ほてん)されなければならない．投入がコメ50kgに対して，産出がコメ30kgしか得られなければ，いずれ生産はできなくなる．この活動は消耗的であり，そもそも生産活動とはいえない．

つまり，少なくとも，産出が投入を上回っていなければならない．この条件を**純生産可能条件**という．

産出から投入を引いた量を，**純生産**（純産出）と定義する．すると，純生産可能条件が成り立つことは，正の純生産が存在することであると言いかえることもできる．

数値例では，投入が50kgで産出が100kgであるから，産出は投入よりも大きい．このとき，純生産は100kg－50kg＝50kgとなり，正の純生産が存在している．**図表2-2**では，点線よりも上側が純生産である．

経済が純生産可能条件を満たすことは，その経済が再生産可能であるために必要な条件である．

必要生産物

しかし，純生産がおこなわれていても，それで人間の維持再生産が可能であるとは限らない．

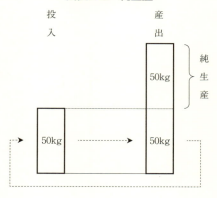

図表 2-2 純生産

　生産活動には，生産手段だけでなく，労働が必要である．数値例では，生産期間の初めに，コメ 50kg の他に，労働 10 時間が必要であった．

　人間が生きていくためには，一定量のコメが必要である．再生産のためには，労働者が生きていくために必要なコメが確保され，それが労働者に配分されることが必要である．

　10 時間の労働を維持するのに必要なコメが，生物学的に（あるいは社会慣習的に）決まっており，10kg であるとする．すると，50kg の純生産物のうち 10kg は，このために充当されなければならない．純生産が存在しても，労働者の生存を維持するのに十分でなければ，あるいは労働者への配分が十分でなければ，次の年の生産は不可能になる．

　生産手段の充当（種まき）に必要なコメ 50kg と，労働を維持するのに必要なコメ 10kg を足し合わせた 60kg を，**必要生産物**と呼ぶ．**図表 2-3** では，投入に必要なコメ 50kg が①で示され，労働者が生きていくために必要なコメ 10kg が②で示されている．

剰余生産物

　産出から必要生産物を差し引いた残りが，**剰余生産物**である．数値例で

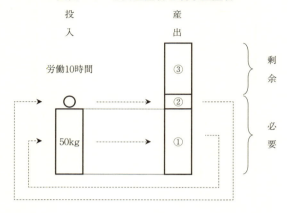

図表 2-3　必要生産物と剰余生産物

は100kg−60kg＝40kgであり，図表2-3の③で示される部分である．

　剰余生産物がゼロだとしても，前年と同じ規模で生産をおこなうことは可能である．生産手段の充当と労働者の維持がおこなわれているからである．しかし，資本主義経済では，この剰余生産物が正の値をとることが決定的に重要である．

　封建制社会では，農奴は領主に対して人身的に隷属しており，領主が賦役や貢納などの形で，農奴から直接的に剰余生産物を取得する．これに対して，資本主義社会では，労働者は「二重の意味で自由」であり，資本家に対して人身的に隷属してはいない．しかし，労働者は資本家に雇われなければ生きていけない．そして，資本家が労働者を雇うかどうかは，それによってもうけを生み出せるかどうかにかかっている．

　このコメ経済が資本主義経済であるとしよう（図表2-4）．生産に関する決定が資本家によっておこなわれており，コメと労働力が市場で売買される．コメが1kgあたり500円であり，労働者は時給1000円で雇われるとしよう．資本家は，生産を始めるにあたって，50kg×500円/kg＝2万5千円で種まき用のコメを買い，10時間×1000円/時間＝1万円で労働者を雇う．その結果，1年後に100kgのコメが生産される．そして，この100kgがすべて販

図表 2-4 資本主義的なコメ経済の数値例

投入（金額表示）		産出（金額表示）	
コメ50kg ×500円/kg ＝2万5000円	1年後	コメ100kg×500円/kg＝5万円	
労働10時間×1000円/時間＝ 1万円	→		
合計　　　　　　　　　　3万5000円			
		差引	1万5000円

売されたとしよう．販売額は，100kg×500円/kg＝5万円である．この売り上げのうち，初めに必要だった3万5千円を超える部分，つまり1万5千円が剰余であり，資本家のもうけ（利潤）となる．剰余生産物が存在し，資本家に取得されることを条件として，雇用と生産活動がおこなわれる．

剰余生産物は，労働者の労働の成果であるにもかかわらず，資本家の私有物となる．これを**搾取**という．労働によって生み出されたモノの決定権が資本家に握られ，労働者が関与できないことになる．搾取については第3章であつかう．

剰余生産と資本主義

資本主義経済では，この剰余生産物を資本家が直接消費するわけではない．生産物は市場で売買され，それによって剰余生産物が利潤として実現する．資本主義経済では，剰余生産物が市場において，資本家の満足できる価格で販売されるかどうかが重要である．これを**商品の実現問題**という．

資本主義社会では，以上のように，剰余生産物を資本家階級が手にすることになる．もし資本家階級が剰余生産物をすべて消費してしまえば，生産規模は拡大せず，せいぜい同じ水準の生産がくり返されるだけになる（単純再生産）．

資本家階級が剰余生産物をすべて消費せずに，一部を生産手段と労働者の追加に振り向けるならば，次年は今年を上回る規模で生産を拡大することが可能になる．これが拡大再生産である．資本主義経済の運動を見るうえで，

剰余がどのように用いられるかは重要な鍵である．

　また，再生産には，生産をおこなうヒトとヒトとの関係（生産関係）が維持されることが含まれる．資本主義経済は，生産手段を私有し，生産に関する決定を握る資本家階級と，その決定から排除された大多数の労働者階級という関係を特徴としている．この生産関係が維持されるためには，剰余生産物が資本家階級の権益を守るために用いられ，労働者階級には行きわたらないようなしくみが必要になる．

　それを保証する要因として重要なのが，最低必要資本量の増大である．生産活動をおこなうために最低限必要な生産手段が巨額となれば，労働者にはその獲得が難しくなり，この生産関係は維持される．

2．社会的分業

分業とは

　前節では，コメだけが生産される経済を考えた．しかし現実の資本主義経済では，無数のモノが生産されている．これらの生産された多数のモノが，市場で商品として交換され，買い手に行きわたっている．

　その結果，人々は，自給自足の生活では入手できない多くの商品を手に入れている．そのことが，商品の量だけでなく，質や種類の観点からも，豊かな暮らしを成り立たせているといえる．これが可能なのは，人々が分業をおこない，市場を通じた交換をおこなっているからである．

　分業とは，生産に必要な様々な労働が，多くの人々によって担われていることをいう．分業は企業内でもおこなわれている（企業内分業）し，企業の枠を越えて広範囲におこなわれている（社会的分業）．

　企業内分業の一例は，アダム・スミスが『国富論』（1776年）で描いたピンの製造工場である．ピンの製造工場で働いている労働者は，一人でピン全

体をつくれば，一日あたりわずか10本程度しかつくれない．しかし，ピンの製造工程を分割して，針金を伸ばす人，切る人，先をとがらせる人，穴をあける人，研磨(けんま)する人など18個の作業に分割し，それぞれを別の人が担当することで，各人の習熟度は上がり，一人あたりの生産量は何百倍，何千倍にも増大する．

　これに対して，**社会的分業**とは，一企業の枠を越えて，多くの人々が生産活動の一端を担うことをいう．現代社会ではどの生産物ひとつとっても，その生産には，国内だけでなく外国を含む，きわめて多数の人々が関わっている．

　資本主義経済は，市場の範囲を飛躍的に拡大することで，社会的分業を広げる役割を果たした．自給自足の経済では，みずからの生存に必要なモノ（食料，衣服，家など）をすべて一人でつくるが，一人でつくれる生産物の量と種類には限りがある．しかし，多数の人がそれぞれ得意分野に特化して生産活動をおこない，生産物を市場で商品として交換しあえば，各人はより多くのモノを獲得できる．市場の範囲が拡大すれば，まったく新しい生産物を入手できるし，同じ生産物もより安価に入手できる．

　このように拡大する市場での商品売買は，商品と商品の交換であるが，その内実は，自分の労働と他人の労働，自国の労働と外国の労働の交換である．多種多様な商品が生産され，交換されているということは，多種多様な労働が交換されていることを意味する．

　社会全体で分業を担うそれぞれの生産者が，独立に生産量や種類の決定をおこなう場合，それが社会全体で必要とされる生産量・種類に合致することは難しい．これがうまくいくためには，何らかの調整メカニズムが必要である．資本主義経済においては，市場がその調整機能を果たす．すなわち，それぞれの商品の価格が，需要と供給を一致させるように上下することで，生産活動の調整がおこなわれる．市場の機能と限界については，第6章であつかう．

市場と貨幣

　市場が機能するためには，貨幣の存在が不可欠である．その理由を考えよう．

　貨幣が存在しない場合，商品と商品の交換は物々交換の形をとる．ある商品を生産する生産者は，それを必要としている相手を見つけなければならない．のみならず，その相手は，自分の欲しい商品を持っていなければならない．そうでなければ交換は成立しない．

　このように，商品AをもつAさんが商品Bを必要とし，商品BをもつBさんが商品Aを必要とすることを，**欲望の二重の一致**という．しかし，このような幸運なめぐりあわせは，偶然にしか存在しない．

　さらに，3人による交換を考えよう．Aさんが商品Aを，Bさんが商品Bを，Cさんが商品Cをもっている．Aさんが商品Bを欲しがり，Bさんが商品Cを欲しがり，Cさんが商品Aを欲しがっているとしよう．この場合，AさんとBさんが出会っても，互いの欲しい商品が一致しないので，交換は成り立たない．同様に，AさんとCさんが出会っても，BさんとCさんが出会っても，交換は成立しない．市場全体で考えると，各商品の需要と供給は一致している．にもかかわらず，二者による物々交換ができないため，直接交換によっては必要な商品を手にすることは不可能である．

　このような場合，何が生じるだろうか．Aさんは商品Bを手に入れるために，まずBさんが欲しがっている商品Cを入手しなければならない．そのために，自分は直接には必要としない商品Cを持っているCさんに会い，商品Aと交換に商品Cを入手する．その後に，Bさんに会い，商品Cと交換に商品Bを入手するだろう．

　Aさんにとって，最初に入手した商品Cは，直接的に必要な商品ではなく，商品Bを入手するために間接的に必要な商品である．物々交換では不可能な交換が，この**間接交換**を導入すれば実現する．商品の数が増え，状況がさらに複雑になれば，間接交換のメカニズムはさらに複雑で困難なものになる．

こうして，直接に必要とはされないが，交換を実現するために仲立ちの役割を果たす商品が登場する．これが貨幣の始まりである．どこでも，誰でも，比較的容易に交換に応じてくれる商品が，多くの商品の中から抽出され，各生産者はまずこの商品と交換して，次にそれを自分の求める商品と交換するようになった．歴史的には，無数の市場の営みの中から，やがて貴金属が貨幣の役割を果たすようになった．

現代の貨幣制度とその機能については，第5章であつかう．

3．生産の社会的性格と投下労働量

労働の二重性格

生産活動を継続することで，社会は存続し，人々が生活できるようになる．その生産活動のためには，人々の労働が必要不可欠である．資本主義経済では，人々は市場を通じて，社会全体の再生産のために労働を分担している．

人間の労働は，具体的有用労働と抽象的人間労働の2つの面から考察できる．**具体的有用労働**とは，特定の具体的な生産物をつくりだす労働の側面である．そのため，「何を」つくるかに着目される．これに対して，**抽象的人間労働**とは，それぞれの労働が，社会の必要とする人間労働の一部を担っている，という側面に着目した概念である．その労働が社会的分業のどの分野に対応しているかに関わりなく，必要な人間労働の一部であるという点に着目するのである．この抽象的人間労働の大きさを**労働価値**（価値）といい，労働の継続時間で表現される．

たとえば，コメ1kgを生産するのに必要な総労働量が10時間であったとする．他方，大根10kgを生産するのに必要な総労働量が同じく10時間であったとしよう．この場合，コメ1kgと大根10kgに含まれる抽象的人間労働は10時間で等しくなり，コメと大根の交換は，同量の労働価値どうしの交

換と見なすことができる．

労働価値

それでは，商品に含まれる価値はどのように決定されるのであろうか．価値は，商品1単位を生産するのに直接および間接に必要な**投下労働量**である．生産物としてコメを考えよう．コメ1kgを生産するのに，直接に必要な労働がℓ時間，種もみとして必要なコメが$a$kgだとする．第1節の数値例では，$\ell=0.1$（時間），$a=0.5$（kg）となる（**図表2-5**）．（ℓ, a）の組み合わせは，**生産技術**を表していると見ることができる．

この場合，コメ1kgの価値，すなわちその生産に直接・間接に必要な労働量tは，次式から決まる．

$$t = at + \ell \tag{2.1}$$

コメ1kgをつくるのに，直接労働がℓ時間必要である．のみならず，コメ$a$kgが必要であり，コメ$a$kgの生産にはat時間の労働が必要である．atはコメ1kgの生産に間接的に必要な労働といえる．直接労働と間接労働の合計が，コメ1kgの価値を決めている．

この式から，コメ1kgの価値は，次のように表される．

$$t = \frac{\ell}{1-a} \tag{2.2}$$

直接的な労働だけではなく，間接的な労働も含む労働の集計は，このように導出されるが，この労働量が正の値をとるためには，$1-a>0$でなければ

図表2-5 コメ経済の数値例
（産出1kgあたりで表示）

投 入		産 出
コメ 0.5kg	1年後	コメ1kg
労働0.1時間	⟶	

ならない.これは,1kg のコメの生産に必要な種まき量は 1kg を超えることはないという条件であり,純生産可能条件にあたる.もしこれが満たされないとすれば,$a \geq 1$,すなわちコメ 1kg の生産にコメ 1kg 以上の種まきが必要ということであり,生産は不可能である.したがって,現実には $1-a>0$ は満たされていると考えてよい.

社会的分業と労働価値

続いて,経済を**生産財部門**(生産手段を生産する部門)と**消費財部門**(資本家や労働者が消費するモノを生産する部門)に分けて,その再生産を考えよう.生産財を 1 単位生産するのに,生産財が a_1,直接労働が ℓ_1 必要である.消費財を 1 単位生産するのに,生産財が a_2,直接労働が ℓ_2 必要である(図表 2-6).このとき,生産財,消費財それぞれ 1 単位の価値を t_1,t_2 とすると,

$$t_1 = a_1 t_1 + \ell_1 \tag{2.3}$$
$$t_2 = a_2 t_1 + \ell_2 \tag{2.4}$$

が成立する.この連立方程式を解けば,

図表 2-6 生産財部門と消費財部門

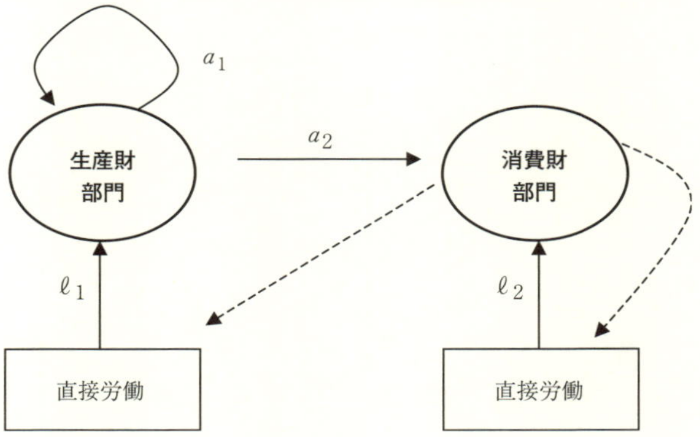

$$t_1 = \frac{\ell_1}{1-a_1} \tag{2.5}$$

$$t_2 = \frac{a_2 \ell_1}{1-a_1} + \ell_2 \tag{2.6}$$

を得る．生産財 1 単位の生産に必要な労働量 t_1 は，生産財の生産技術 (a_1, ℓ_1) によって決定される．消費財 1 単位の生産に必要な労働量 t_2 は，消費財の生産技術 (a_2, ℓ_2) だけではなく，生産財の生産技術 (a_1, ℓ_1) にも依存する．

資本主義社会では，社会的分業が高度に発達しているため，労働は社会的総労働の一部をなしており，その意味で，労働は社会的性格を有している．しかし，生産手段が私有されているので，生産の決定権は個別の生産者（資本家）のもとにあり，個別の私的利益に基づいて分散的に決定される．この状態は**生産の無政府性**といわれ，社会的に必要とされる生産量に対応できる保証はない．

私的・分散的に生産がおこなわれても，市場の調整メカニズムがうまく働けば，社会的に必要な労働が最適に配分されるかもしれない．しかし，その可能性は現実にはきわめて低い．第 8 章で見るように，資本主義経済では，ひとたび不均衡が発生すると，それが解消されずに累積していく．資本主義が存続するためには，いずれこの不均衡は逆転されねばならず，生産は循環運動をとらざるをえない．このように，調整は順調に進まず，周期的に過剰生産恐慌が起こることになる．

【キーワード】
　再生産，剰余，純産出，社会的分業，市場，貨幣，価値，投下労働量

【議論してみよう】
1. 　純生産と剰余生産とはどのように異なるのだろうか．個々の生産者にとって，この 2 つの概念は，どのように把握できるのだろうか．コメをつくる農家の場合と，

鉄鋼を生産する企業主の場合で考えてみよう．
2. 商品の交換を可能にするためには，間接交換を担う商品（貨幣商品）が必要になる．このような貨幣商品はどのような性質を満たしていなければならないだろうか．
3. 資本主義社会において，生産をめぐるヒトとヒトとの関係（生産関係）の再生産を可能にしている要因として，最低必要資本量の増大の他に，どのようなものがあるだろうか．

【参考文献】

置塩信雄・鶴田満彦・米田康彦『経済学』（大月書店，1988年）．
角田修一『概説 社会経済学』（文理閣，2011年）．
八木紀一郎・宇仁宏幸『図解雑学 資本主義のしくみ』（ナツメ社，2003年）．
アダム・スミス『国富論』（中央公論新社，1978年）．

コラム：互酬・再分配・市場交換

　経済人類学者のカール・ポランニーによれば，人間が生活する糧を得るしくみとして，歴史上，3つのしくみが存在したという[*]．

　1つめは互酬である．これは，共同体において，血縁で結ばれる姻戚関係や，地縁で結ばれる知人関係などの間でおこなわれる，贈与や相互扶助によって，生活の糧を得るしくみである．

　2つめは再分配である．これは，政治的あるいは宗教的な中央権力への支払い（貢納）と，中央権力からの払い戻し（分配）によって，生活の糧を得るしくみである．

　そして3つめが市場交換である．これは，参加者の間の取引を通じた，財の双方向的な移動によって，生活の糧を得るしくみである．

　市場は，かつては生活の糧を得るための，社会に埋め込まれた経済のしくみの1つにすぎなかった．しかし，19世紀になると市場は発展を遂げ，利潤の獲得を動機とする経済領域が社会から独り立ちし，市場経済体制という独自の経済体制を築くに至ったという．

　逆にいえば，19世紀以前には，カネもうけを目的とする経済活動は，存在しても局所的であり，社会全体を覆うほどの広がりをもたなかった．

　ここからも，資本主義が歴史的に見て非常に独自のしくみを備えた経済システムであることがわかるだろう．

---

[*] 　カール・ポランニー『大転換——市場社会の形成と崩壊』（東洋経済新報社，2009年），『人間の経済』I・II（岩波書店，2005年）．

第3章

賃金と利潤

　資本主義経済も，人間社会の一つの過渡的な形態にすぎない．したがってそこでは，人間社会が再生産されるための条件が満たされていなければならない．第1章では資本主義の基本的特徴を述べ，第2章では生産をめぐる基本概念を説明してきた．

　社会が再生産されるためには，モノが再生産されるだけでなく，生産をめぐるヒトとヒトとの関係も再生産されねばならない．資本主義経済においては，資本家と労働者という関係が基本である．それぞれに対応する基本的な経済変数は，利潤と賃金である．資本家は労働者に賃金を支払って労働させ，生産物を販売して利潤を得る．この章では，賃金と利潤の関係を見ていこう．

1. 労働量の観点から見た賃金

　資本主義経済において，資本家は，利潤を得るために商品を生産する．生産が継続的におこなわれるには，利潤が発生しつづけなければならない．商品はすべて労働者による労働生産物であり，労働を欠いては生産ができない．労働力を再生産するためには，労働者への対価として賃金が支払われなければならない．資本主義経済において，生産の成果は，資本家と労働者の間で，利潤と賃金として分配される．

　労働者はみずからの労働力を資本家に販売し，賃金を得る．したがって，

賃金と利潤の分配は，個々の資本家と個々の労働者との「対等な取引の結果」に見える．しかし，これを**労働の交換**という視点から考えてみよう．

労働者は資本家のもとで労働をおこない，賃金を受け取る．そして，この賃金で様々な生活物資を購入するが，この生活物資も労働生産物であり，その生産には様々な労働者が労働を投下している．

賃金を労働の観点から見ると，その労働者が提供した労働量（労働時間）と，生活物資の生産に投下された労働量（労働時間）との「交換」と見なせる．ただし，その労働者が「交換」をおこなう相手は，彼（彼女）を直接雇用した資本家ではない．経済全体の資本家の集団，つまり資本家階級である．なぜなら，労働者が購入する生活物資は，直接の雇い主ではない多くの資本家から購入するからである．

したがって，ここで分析される問題は，個々の労働者と個々の資本家との関係ではなく，経済全体における労働者階級と資本家階級との関係である．

2. 貨幣賃金率と実質賃金率

貨幣賃金率

賃金は，年，月，日，時間といった，労働時間あたりの金額で表される．単位労働時間あたりの賃金の金額を**貨幣賃金率**（名目賃金率）という．日常でも，たとえばアルバイトの賃金は時給で表されることが多い．時給は，1時間という単位時間あたりの賃金を表す貨幣賃金率である．

同じ賃金でも，日給と時給のように，時間の単位が変われば，賃金率の値は変わる．たとえば，時給1000円で，一日8時間働いた場合，それを日給で表すと，1000円/時間×8時間/日＝8000円/日となる．

一人ひとりの賃金だけでなく，労働者全体が受け取る**賃金総額**を考えることもできる．この場合，総労働量は，一人あたり労働時間×労働者数で測ら

れる．賃金総額は貨幣賃金率×一人あたり労働時間×労働者数である．

　実際のデータを見る場合，賃金率がどのような時間や労働量を単位に表されているかに注意しなければならない．

実質賃金率

　労働者にとって貨幣賃金率の水準は重要だが，暮らしの水準は，その賃金でどれだけの生活物資を購入できるかにかかっている．貨幣賃金率が2倍になったとしても，そのときに生活物資の価格が4倍になっていれば，入手できる生活物資の量は半減してしまう．

　労働者が購入するモノがコメだけだとしよう．貨幣賃金率をコメの単位価格で割ると，コメで測った**実質賃金率**が得られる．具体的な数字で示そう．貨幣賃金率が1000円/時間，コメの価格が500円/kgとする．このとき労働者は，1時間労働して得た賃金で，2kgのコメを買える．1000円/時間をコメの価格500円/kgで割れば，2kg/時間となる．コメで測った実質賃金率は2kg/時間ということになる．

　このように，消費財が1種類のとき，貨幣賃金率と実質賃金率の関係は，

$$実質賃金率\left(\frac{w}{p}\right) = 貨幣賃金率（w）÷消費財価格（p） \tag{3.1}$$

となる．現実の経済では，消費財の種類は非常に多い．多くの経済分析では，貨幣賃金率を**消費者物価指数**で割って実質賃金率を求めている．つまり，

$$実質賃金率 = 貨幣賃金率 ÷ 消費者物価指数 \tag{3.2}$$

となる．消費者物価指数は，平均的な家計の様々な消費財からなる消費財リストの総額の変化を表す数値である[1]．ある時点の消費者物価指数を100として，その時点に比べてすべての消費財の価格が2倍になったとすれば，消費

1）日本の消費者物価指数は総務省統計局が公表している．

者物価指数は200となる[2]．

3．個々の資本家にとっての利潤

利 潤

　資本主義経済では，資本家が利潤を得ようとして生産がおこなわれている．経済全体として利潤が存在し再生産がおこなわれる条件を考える前に，個々の資本家にとっての利潤を分析しよう．

　資本家は，私有する生産手段を用い，労働者を雇って，生産をおこなう．そして，その生産物を販売する．生産物の販売によって得られた貨幣額を**収入**といい，生産手段と労働を購入するために支出した貨幣額を**費用**という．費用は，生産手段の購入に要した生産手段費用と，労働の購入に要した賃金費用からなる．

$$\text{費用} = \text{生産手段費用} + \text{賃金費用} \tag{3.3}$$

利潤は，収入と費用の差額である．

$$\text{利潤} = \text{収入} - \text{費用} \tag{3.4}$$

　前章のコメ経済のように，ここでも生産物は1種類と仮定しておこう．ある資本家が，生産手段と労働を使って，生産物を生産している．生産量を X，価格を p としよう．生産物の販売によって得られる収入 S は次式になる．

$$S = pX \tag{3.5}$$

　生産に必要な生産手段と直接労働の量は，生産量に比例するとしよう．生

---

[2] GDP（国内総生産）などについても，貨幣額（名目値）と実質値の区別があり，考え方はこれと同様である．

産1単位あたり必要な生産手段量をa，直接労働量をℓとする．生産Xに必要な生産手段量をZ，直接労働量をLとすると，

$$Z = aX \tag{3.6}$$
$$L = \ell X \tag{3.7}$$

となる．生産手段の価格は生産物価格と同じpである．貨幣賃金率をwとしよう．すると，生産手段の費用はpaX，賃金費用は$w\ell X$となるので，(3.3)式は，

$$C = paX + w\ell X \tag{3.8}$$

と表せる．利潤をπ（パイ）で表すと，(3.4)式は，(3.5)(3.8)を用いて，次式で表せる．

$$\pi = S - C = pX - (paX + w\ell X) \tag{3.9}$$

この値が正（収入>費用）であれば，この資本家は正の利潤を得ている．

$$pX > paX + w\ell X \tag{3.10}$$

両辺をXで割ると，

$$p > pa + w\ell \tag{3.11}$$

が得られる．この式は，生産1単位あたりの収入（すなわち価格）が，生産1単位あたりの費用（単位費用）を上回っていることを意味している．

利 潤 率

　資本家にとって，利潤の額そのものよりも，投下した資本に対する利潤の比率である**利潤率**が重要である．利潤率が高いということは，少ない投下資本で多くの利潤を得ることになるからである．

利潤率 r は，賃金前払いを仮定すれば，次のように定義される．

$$r = \frac{p - (pa + w\ell)}{pa + w\ell} \qquad (3.12)$$

賃金が後払いされる場合には，分母から賃金費用は除かれ，利潤率は次のように定義される．

$$r = \frac{p - (pa + w\ell)}{pa} \qquad (3.13)$$

実質賃金率（$\frac{w}{p}$）を R で表せば，(3.13) 式は次のようになる．

$$r = \frac{1 - (a + R\ell)}{a} \qquad (3.14)$$

賃金と利潤の対抗関係

(3.14) 式から，生産技術 (a, ℓ) が変わらないとすれば，実質賃金率 R が上昇すると利潤率 r は減少することがわかる．逆に，実質賃金率 R が低下すれば，利潤率 r は上昇する．言いかえると，利潤率は実質賃金率の減少関数となっている（図表3-1）．ここに，資本家と労働者の対抗関係が示されている[3]．

$$r = r(R), \quad r' < 0$$

利潤率の上昇と実質賃金率の上昇を**同時**に実現するには，右下がりの直線を右上に移動させねばならない（図表3-2）．つまり，a や ℓ が小さくならなければならない．生産物1単位あたりの投入を小さくする**技術進歩**が求められるのである．

---

[3] r' は微分 $r' = \dfrac{dr}{dR}$ を表す．

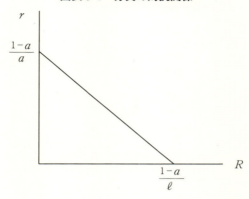

図表3-1 労資の対抗関係

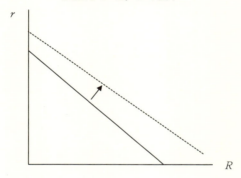

図表3-2 a, ℓ の低下

4. 利潤の存在と実質賃金率

利潤の存在条件

　経済全体として，資本家階級が受け取る利潤の総額が正になる条件を考えよう．ここでも，1種類の生産物のみの経済を考える．その生産物は，消費財としても，生産手段としても用いられる．

　経済全体で利潤が存在しているためには，経済全体での収入総額 pX が，費用総額 ($paX+w\ell X$) を上回っていなければならない．

$$pX > paX + w\ell X \tag{3.15}$$

この不等式は，次のように書き改められる．

$$p(1-a) > w\ell \tag{3.16}$$

さらに，両辺を $p\ell$ で割ると，

$$\frac{1-a}{\ell} > \frac{w}{p} \tag{3.17}$$

実質賃金率を R と書けば，

$$\frac{1-a}{\ell} > R \tag{3.18}$$

この式は，利潤が存在するためには，実質賃金率 R が $\frac{1-a}{\ell}$ 未満でなければならないことを意味している．

前章で学んだことを思いだそう．生産物1単位の生産に必要な投下労働量を t とおけば，

$$t = \frac{\ell}{1-a} \tag{2.2}$$

であった．(3.18) 式の左辺は，投下労働量 t の逆数になっている．つまり，

$$\frac{1}{t} > R \tag{3.19}$$

投下労働量 t は，生産物1単位の生産に直接・間接に必要な労働時間，つまり「労働時間÷生産量」である．その逆数は，「生産量÷労働時間」であり，労働時間あたりの生産量を表す．そのため，$\frac{1}{t}$ は**労働生産性**と呼ばれる．

通常，直接労働1時間あたりの生産量 $\frac{1}{\ell}$ を労働生産性と呼ぶことが多いが，正しくは生産手段の投入も含めて，$\frac{1}{t}$ を労働生産性と定義する必要がある．$\frac{1}{t}$ は，直接に必要な労働だけでなく，間接に必要な労働（生産手段の生産に必要な労働）をも考慮して，1労働時間でどれだけの量を生産できるかを示している．

利潤の存在条件である (3.19) 式は,利潤が存在するためには,労働生産性が実質賃金率を上回っていなければならないことを意味している.

利潤の存在条件 (3.19) を書き直すと,

$$1 > Rt \tag{3.20}$$

となる.両辺に一日の労働時間 T を掛けると,

$$T - RTt > 0 \tag{3.21}$$

が得られる.

これは,労働者が一日に提供する労働時間 T が,その見返りに得られる生活物資 RT の生産に必要な労働時間 RTt を上回ることを意味している.言いかえると,労働者は,受け取る生活物資の生産に必要な労働時間を超えて労働をおこなわなければならない.この差が**剰余労働**であり,剰余労働をおこなうことが利潤の存在条件である.この命題は,**マルクスの基本定理**と呼ばれている.また,剰余労働が存在する状態は**搾取**と呼ばれる.この語には不公平さの含意がある[4].

もし賃金が,貨幣単位ではなく,コメのような現物の生活物資,あるいは労働時間で表されているならば,交換の不公平はあからさまに理解されるであろう.封建時代の農民のように,1週間のうち何日かは自分の保有地を耕し,残りの日は領主の土地を耕すならば,剰余労働の存在は明白である.

資本主義経済における労働者も,その労働時間の一部は,労働者に払い戻されることなく,資本家の私有となる.にもかかわらず,いくつかの理由から,搾取が見えづらくなっている.第一に,直接的な雇用関係において,資本家と労働者は,法的には「対等な取引」をしているのが普通である.その

---

4) 英語の搾取にあたる exploit を『ロングマン現代英英辞典』で引くと,"to treat someone unfairly by asking them to do things for you, but giving them very little in return"(誰かに自分のために何かすることを依頼するが,彼らにほんの少ししか見返りを与えないことによって,彼らを不公平に扱うこと)とある.搾取は,労働時間の観点に立てば,まさにこの意味で不公平である.

第3章 賃金と利潤

場合にも搾取は存在する．第二に，搾取は，直接的に雇用関係にある労働者と資本家の間の関係ではなく，経済全体の階級間の関係として成立している．第三に，貨幣によって，労働時間のやりとりが見えにくくなっている．

社会全体での搾取

　以上の議論では，生産物が1種類であり，すべての資本家が同質的であった．つまり，すべての労働者と資本家が同じ行動をとっていると見なせた．そのため，個々の資本家と労働者の直接的な雇用関係が，そのまま経済全体の搾取でもあった．

　しかし，現実には，種類の異なる多数の財が生産されている．その場合も，利潤が存在する条件が剰余労働であることが示せるだろうか．

　たとえば，生産財と消費財をそれぞれ1種類生産する経済を考えよう．この場合もマルクスの基本定理はやはり成り立ち，このとき，搾取の存在＝利潤の存在の条件は，消費財の投下労働量を t_2，それで測った実質賃金率を R とするとき，次の式で表される（**数学注を参照**）．

$$1 > Rt_2 \tag{3.22}$$

　この条件には，一見，消費財部門と実質賃金率のみが関わっているように見える．しかし，消費財の生産には生産財の投入が必要なので，消費財の投下労働量には，生産財部門の投下労働量が関わっている．

　実際，消費財1単位の生産に必要な生産財の量を a_2，直接労働量を ℓ_2 とすると，

$$t_2 = a_2 t_1 + \ell_2 \tag{3.23}$$

が成り立つ．この式から，生産財の労働生産性 $\left(\frac{1}{t_1}\right)$ が十分に低く，ゆえに生産財の投下労働量 t_1 が十分に大きければ，利潤の存在＝搾取の存在の条件 $1 > Rt_2$ が成り立たなくなることがわかる．

5. 資本家の利潤動機と搾取

　個々の資本家は，経済全体の搾取や利潤を目的に生産活動をしているわけではない．個々の資本家はあくまでみずからの利潤のために決定を下し，その意図せざる合成結果として，経済全体の搾取が実現され，維持される．

　したがって，なぜ資本主義経済で利潤と搾取が維持されるかを考えるためには，資本家の利潤動機と経済全体との関わりを考える必要がある．

個々の資本家の利潤動機

　生産物1単位あたりの利潤を，生産財部門については π_1，消費財部門については π_2 と書く．それは価格から単位費用を差し引いたものなので，以下のように表される．

$$\pi_1 = (1-a_1)p_1 - \ell_1 R p_2 \tag{3.24}$$
$$\pi_2 = p_2 - a_2 p_1 - \ell_2 R p_2 \tag{3.25}$$

　両部門の生産物の価格 p_1, p_2 には，他の資本家との競争関係が関わっており，個々の資本家は自由に設定することができない．

　π_1 は，a_1, ℓ_1, R が減少すると増加する．π_2 は，a_2, ℓ_2, R が減少すると増加する．したがって，個々の資本家は，これらの値をできるだけ小さくしようとする動機をもつ．

新技術の導入と生産性上昇

　a_1, a_2, ℓ_1, ℓ_2 は，生産技術を表している．ここでの技術は，科学的・技術的知識以外に，教育水準，労働者の社会全般的な熟練の水準も含む．これらは，個々の資本家にとって，過去の歴史から与えられたものである．

　しかし，資本家はしばしば，研究開発や日々の生産方法の改善，熟練した

労働者の養成などによって，社会の平均的水準よりも有利な条件をつくりだすことができる．価格は社会の平均的な技術状態を反映するので，他の資本家よりも有利な技術を採用した資本家は，より大きな利潤を得ることができる．こうして導入された新技術が，労働生産性を向上させるものであれば，結果として，ほぼすべての産業部門は，持続的に労働生産性を向上させるだろう．このことは，正の利潤と搾取が成立する条件をつくりだす．

　新技術を導入した資本家は，一時的には有利になっても，それが長続きする保証はない．他の資本家より相対的に高い利潤を得る条件は，平均的な技術条件との差から生じる．長期的には，この差はなくなる可能性が大きい．第一に，改善された生産方法は，他の資本家に模倣されるであろう．第二に，模倣しにくい生産方法などの場合，それを採用した企業の産業内でのシェアが大きくなるであろう．いずれの場合も，社会的に平均的な技術が，新しい生産方法に近づくことを意味する．このため，多くの場合，他の資本家よりも高い利潤率はいつか消失するであろう．しかし，このために，新技術導入に成功した資本家でさえ，さらに新技術の開発に取り組もうとする．そして，消費財の生産に直接・間接に投入されるすべての生産物の労働生産性の増加は，消費財の労働生産性の増加に結びつき，搾取が成立する条件をつくりだす．

　ここで注意すべき点は，資本家によって導入される技術は，必ずしも労働生産性を向上させるものであるとは限らないことである．資本家にとって，どのような技術が既存の技術より有利であるかは，その時点の価格，利潤率，実質賃金率による．たとえば，1種類の生産手段と直接労働で商品が生産される場合，実質賃金率が低く，生産手段の価格が高いケースでは，直接労働投入を増やし，生産手段の投入を減らすような技術が有利になる可能性が高い．新技術は利潤率を増加させるが，このような技術が既存の技術より労働生産性が低い可能性はある．

労働時間の延長と労働強化

　直接雇用する労働者の実質賃金率が下がれば，利潤は増加する．実質賃金率は，賃金の額面を下げることで削減できるが，現実的には難しい．それは，必要な労働者を確保することを困難にするからである．

　しかし，支払う賃金はそのままで，労働時間を延長することができれば，実質賃金率は低下する．こうして，実質賃金率を削減しようとする資本家の動機は，しばしば労働者を厳しい労働条件に追い込む．労働時間の延長とは別に，たとえば過大なノルマを課すことで，社会的に妥当とされる水準以上に労働を強化することも，しばしばおこなわれる．これは，一定の労働時間の中で，実質的な労働量を増やすことを意味している．これも実質賃金率を低下させる．

　この章では，搾取は資本家と労働者の直接的な雇用関係にのみではなく，経済全体に関わる事柄であることを強調してきた．実質賃金率も，資本家と労働者の直接的な雇用関係以上に，経済全体の価格メカニズムに規定される．しかし，直接の雇用関係における，実質賃金率を削減しようとする資本家の動機は重要である．第一に，それは直接に，労働者にとって不利益である．第二に，多くの資本家の動機が実現すれば，それは実質賃金率をより低い水準に誘導する．

　実質賃金率を削減しようとする資本家の動機は，搾取を成立させやすくする．他方でそれは，労働者の生計を困難にし，労働力の再生産をも危うくさせる．多くの資本主義国で，労働者の権利が制度化され，労働時間の上限規制など，労働条件を保障するための様々な法律が制定されてきた．これは，労働組合運動や人権意識向上の成果である．しかし他方でそこには，個々の資本家の利潤動機によって，労働者階級の再生産が危うくなり，資本主義そのものが存続できなくなっては困るという，資本家階級の対応の結果という側面もある．

【キーワード】

搾取，利潤，実質賃金率，労働生産性，技術革新，マルクスの基本定理

【議論してみよう】
1. 「資本主義社会は奴隷制社会よりずっと平等だ」という立場と，「資本主義社会は奴隷制社会と同じくらい不平等だ」という立場に分かれてディベートしてみよう．
2. 楽しい仕事ばかりで労働生産性の低い資本主義経済と，退屈な仕事ばかりだが労働生産性の高い資本主義経済について，それぞれのメリットとデメリットを，資本家と労働者の立場で考えてみよう．
3. 自分や身近な人の仕事経験（アルバイトを含む）に，ブラック企業に当たる例がないか検討してみよう．その経験について，労働基準法などの法律に違反していないか調べてみよう．

【参考文献】
置塩信雄・鶴田満彦・米田康彦『経済学』（大月書店，1988年）．
置塩信雄『蓄積論』第2版（筑摩書房，1976年）．
松尾匡・橋本貴彦『これからのマルクス経済学入門』（筑摩書房，2016年）．
カール・マルクス『資本論』（大月書店，1972年）．

数学注　2部門経済での搾取の存在

これまでと同様，ある年の生産には，その年に生産された生産財が生産手段として用いられるとする．添え字の1によって生産財を，添え字の2によって消費財を表す．p_1, p_2 はそれぞれ生産財と消費財の価格，a_1, a_2 はそれぞれ，生産財1単位の生産に必要な生産財，消費財1単位の生産に必要な生産財の量，ℓ_1, ℓ_2 はそれぞれ，生産財1単位の生産に必要な直接労働量，消費財1単位の生産に必要な直接労働量とする．消費財で測った実質賃金率を R で表す．これより，利潤が正である条件は，

$$p_1 > a_1 p_1 + \ell_1 R p_2 \tag{3.26}$$
$$p_2 > a_2 p_1 + \ell_2 R p_2 \tag{3.27}$$

となる．この利潤が正となる条件から，搾取の存在が導かれる．

消費財の投下労働量を t_2 で表せば，搾取の存在条件は，

$$1 > R t_2 \tag{3.28}$$

となる．第2章で示したとおり，それぞれの財の投下労働量は，

$$t_1 = \frac{\ell_1}{1-a_1} \tag{3.29}$$

$$t_2 = a_2 t_1 + \ell_2 = \frac{a_2 \ell_1}{1-a_1} + \ell_2 \tag{3.30}$$

である．したがって，上の搾取の条件は，

$$1 > R(a_2 t_1 + \ell_2) \tag{3.31}$$

となる．

利潤が両方の財について正である条件のもとで，搾取の存在が導かれることを示そう．(3.26) 式は，

$$p_2 < \left(\frac{1-a_1}{\ell_1 R}\right) p_1 \tag{3.32}$$

と変形できる．右辺の値を，横軸に p_1 をとったグラフに表せば，傾き $\frac{1-a_1}{\ell_1 R}$ の，原点を通る直線となる（**図表3-3** の直線①）．生産財の投下労働量 t_1 と実質賃金率 R が正であれば，この傾きは正である．（3.32）式は，グラフ上のこの直線より下側に p_2 があることを意味している．

生産財部門で利潤が正になるためには，実質賃金率が一定のもとで，生産財の価格に比べて，消費財の価格が十分に小さくなければならないことを，このグラフは意味している．

（3.27）式は，

$$p_2 > \left(\frac{a_2}{1-\ell_2 R}\right) p_1 \tag{3.33}$$

と変形できる．右辺を先ほどと同様にグラフで表せば，傾き $\frac{a_2}{1-\ell_2 R}$ の，原点を通る直線となる（図中の直線②）．消費財の投下労働量 t_2 と実質賃金率 R が正であれば，この傾きも正である．（3.33）式は，グラフ上のこの直線より上側に p_2 があることを意味している．

この2つの領域の共通部分をとることで，利潤が正となる消費財価格と生産財価格の組み合わせを示す領域が図示できる．この領域が存在するために

図表3-3 搾取の存在

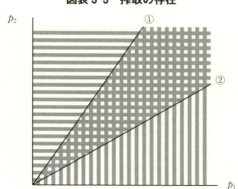

は，直線①の傾きが，直線②の傾きより大きくなくてはならない．

$$\frac{1-a_1}{\ell_1 R} > \frac{a_2}{1-\ell_2 R} \tag{3.34}$$

　t_1 が正であれば $(1-a_1)$ が正，p_1, p_2 が正であれば $(1-\ell_2 R)$ が正であることに注意して，この式を変形すれば，搾取の存在条件 $1 > Rt_2$ が導かれる．[*]

---

[*] $t_1 = \frac{\ell_1}{1-a_1}$ より，左辺 $= \frac{1}{Rt_1}$. $1-\ell_2 R > 0$ に注目して，$Rt_1(1-\ell_2 R)$ を両辺にかけると，$1-\ell_2 R > a_2 Rt_1$. 左辺 $\ell_2 R$ を右辺に移項して，$1 > R(a_2 t_1 + \ell_2)$. さらに，右辺 $= Rt_2$.

第3章　賃金と利潤

コラム：技術進歩の影響——電卓産業の場合

　新たな生産技術の導入は，市場の競争関係や産業構造を大きく変化させることがある．電卓産業の事例を見てみよう．

　1964年のシャープ社による世界初の商用電卓は，トランジスタ530個とダイオード2300個によって組み立てられていた．電卓の製造には高度な技術が必要で，価格は当時の大卒初任給の1年分を超えるものだった．その後の電卓の技術進歩は，膨大な数の部品が1つの半導体部品（LSIなど）に集約されるプロセスだった．複数のトランジスタはICに，そしてICはLSIに置き換えられていき，1969年には1個のLSIの電卓が開発された．これと並行して，価格の急速な下落が進み，市場規模も拡大し，国内で50社を超えるきわめて競争的な市場が形成された．

　ところが，1971年にオムロン社が，従来の価格の半額程度の4万9800円の電卓を発売する．続いてカシオ社が1972年に，1万2800円のカシオ・ミニを発売する．カシオ・ミニは独自のLSIに加え，月産10万台という，当時としては膨大な大量生産によって，最終的に4800円まで値下げされる．その結果，ほとんどの企業は追随できずに，退出を余儀なくされた．こうして，国内市場のおよそ8割をカシオ社とシャープ社が専有するといわれる寡占市場ができあがる．

　その後も電卓産業は，高機能化，多機能化，小型・薄型化の技術進歩を重ねたが，これが世界をリードする日本の半導体産業，液晶産業など，最先端IT産業の基礎を築くことになった．

　急速な技術進歩は，労使関係にも影響を及ぼす．かつての熟練労働重視の雇用形態にかわって，新しい技術の研究・開発，新商品の企画・設計能力が重視され，それと適合する自由な労働形態や賃金制度が求められる．

第4章

利潤と資本蓄積

　人類の歴史をふり返ってみると，資本主義の時代が特異であることがわかる．生産量を縦軸にとってグラフを描いてみると，ほぼ水平な時代が続いた後，資本主義の時代を迎えると急激に上昇するという動きが見られる．ホッケーのスティックの形にたとえる経済学者もいる．資本主義はきわめて力強い成長力をもった経済システムなのである．

　この成長のエンジンの役割を果たすのが，資本家の蓄積需要（投資需要）である．投資は経済を量的に拡大するだけでなく，新しい商品，新しい技術を生み出し，生産力を上昇させてきた．

　投資や資本蓄積率の大きさは，経済全体の利潤や利潤率がどのような大きさになるかを決定し，その結果，生産や雇用，実質賃金率をも決定する．その誘因は私的利潤の追求である．本章では，資本主義の運動を理解するために最も重要な，利潤と資本蓄積との関係を見ていこう．

1．一国の経済構造と利潤

　前章では，利潤が存在するための条件が，搾取の存在であることを示した（マルクスの基本定理）．これは，実質賃金率を R，消費財1単位の生産に直接・間接に必要な労働量（消費財1単位の価値）を t_2 とすると，次式で示される．

$$1 - Rt_2 > 0 \tag{4.1}$$

　この式は，単位時間の労働支出が，その見返りに得られる消費財の生産に要する労働時間を上回ること，つまり剰余労働が存在することを意味する．

　しかし，この条件が満たされてさえいれば，資本家は現実に利潤を手にできるというわけではない．確かに，利潤が存在するとすれば，必ずこの条件が満たされていなければならない．しかしそれは，利潤存在の社会的必要条件であって，積極的に利潤や利潤率がどう決まるかを示すものではない．

　それでは，利潤率はどのように決まるのだろうか．それを明らかにするために，第2章で学んだ，純生産と剰余の区別，そして剰余の用いられ方が資本主義経済の運動にとって重要であることを思い起こそう．本節では，まずこのことを，一国の生産構造全体から見ておこう．

　図表 4-1 は，ある期間（たとえば1年間）の，一国における総供給と総需要を表したものである．まず供給側から見ると，一国の総供給（生産総額）は，生産に要した中間投入額と，それを上回る純生産額からなる．この純生産額が，新たに生み出された経済価値であり，**粗付加価値**と呼ばれている．

　粗付加価値の一部は，労働者に対する賃金として支払われ，残余が利潤となる．賃金および利潤の一部は，国家への租税として徴収されるので，粗付加価値は賃金，利潤，租税に分割される．

　次に需要側を見ると，供給側の中間投入に対応して，生産活動で消耗した

図表 4-1　一国の総供給と総需要

		粗付加価値		
総供給	中間投入	賃金	租税	利潤

		最終需要		
総需要	中間需要	消費需要	政府支出	投資需要

生産物を補填するために必要な中間需要（補填重要）がある．それを上回る部分が**最終需要**である．最終需要は消費需要，政府支出，そして投資需要（蓄積需要）からなり，これらが純生産物に対する需要を構成する．

　消費需要の大部分は，労働者家計の賃金からおこなわれる．したがって，中間需要と消費需要の合計は，おおむね，生産活動の継続と労働力の維持に必要な「必要生産物」ということになる．それを超える部分が剰余生産物であるが，この剰余生産物が，資本家の満足できる価格で販売される（実現する）かどうかが，資本主義にとってきわめて重要である．そのためには，政府支出と投資需要が十分に存在しなければならない．

　日本の場合，純生産全体の約6割は消費需要であり，2割は政府支出で，残り2割が投資需要によって占められている（**コラムを参照**）．このように，投資需要は剰余生産物に対する需要の構成項目であり，もし2割を占める投資需要が減少すれば，剰余生産物は実現せず，したがって利潤は大きく減少する．

　外国との取引を考えると，総供給に輸入が加わり，総需要には輸出が加わる．

2．利潤率の決定

　投資需要が利潤を決定する重要な要因であることを，前章の簡単な1生産物モデルを使って示しておこう．外国取引と政府部門は省略する．生産量を X，1単位の生産に必要な生産手段量を a とすると，中間需要は aX となる．労働者家計は賃金の全額を消費支出すると仮定し，資本家家計の消費支出を C_k とすると，消費需要は $R\ell X + C_k$ となる．ここで，R は実質賃金率（$\frac{w}{p}$），ℓX は雇用量である．さらに投資需要を I とすると，総供給と総需要の需給一致式は次のようになる．

$$X = aX + R\ell X + C_k + I \tag{4.2}$$

資本家の消費需要は利潤の一定割合（c）とする．

$$C_k = c(X - aX - R\ell X) \tag{4.3}$$

これを上式に代入すると，

$$(1-c)(X - aX - R\ell X) = I \tag{4.4}$$

したがって，

$$s\Pi = I \tag{4.5}$$

となる．この式の左辺は資本家の貯蓄額であり，s は利潤からの貯蓄率（$s = 1-c$）で，Π（パイ）は利潤を表している．

両辺を資本 K で割ると，利潤率 r と資本蓄積率 g について，次の関係が得られる．

$$sr = g. \quad 利潤率\ r = \frac{\Pi}{K}, \quad 資本蓄積率\ g = \frac{I}{K}. \tag{4.6}$$

（4.6）の決定関係は，右辺から左辺に対してであることに注意しよう．すなわち，資本蓄積率 g が利潤率 r を決定するという関係である．もともとの式は市場の需給均衡式（4.2）であるから，右辺の需要側が決まれば，左辺の実現する（販売される）金額が決定されるのである．

（4.5）または（4.6）の関係式は，資本家は新投資を増やすことによって，いくらでも利潤をつくりだせることを示している．では，なぜ資本家はいつも無制限に投資しないのか．それは，個々の資本家にとっては，投資の実行がその資本家の利潤に直接結びつかないからである．これは資本家階級全体として成立する関係であり，個々の資本家に成立するわけではない[1]．

この利潤（率）が，資本主義経済の運動に大きな影響を与える．資本家は利潤（率）を求めて生産・雇用などの決定をおこなうからである．投資需要

は総需要の一つの項目にすぎないが，資本家が取得する利潤を決めるという意味で，きわめて重要な需要項目である．

また，投資需要は，生産設備を増大させて，次期以降の生産能力を増加させる．投資が需要を構成するだけでなく，将来の生産能力を増加させるという二重の機能をもつことは，「投資の二重性」と呼ばれている．

このような重要性をもつ投資需要を決定するのは個々の資本家であり，彼らは私的利潤を追求して，不確かな将来予想に導かれて投資需要を決定する．将来は確実に予想できるものではなく，予想は不確かなものになる．しかし，将来の収益予想に最も大きく影響するのは，現時点の実現された利潤や利潤率である．そこから次のような因果連鎖が生じる．

前期の利潤率→今期の資本蓄積率→今期の利潤率→来期の資本蓄積率→……

この連鎖をたどるのは第8章の課題であるが，ここでは，資本家の投資需要が実現利潤を決めるという関係が，資本主義経済の特徴から生じている点に注意しておこう．たとえば，消費需要は，生産物に対する需要を構成する点では投資需要と同じであるが，利潤の決定には関わらない．消費需要の大部分は，労働者家計に対する賃金支払額が原資になっている．消費支出によって売り上げが増えても，資本家全体にとっては，支払った賃金費用が消費財の販売で回収されただけである．経済全体の利潤の大きさには関係しないのである．さらに，消費需要は実質賃金率と雇用量に依存するが，これらは生産量に依存して決まるので，結局，資本蓄積率が主要な決定因となる．こうして，投資需要が独立変数として，消費需要とは異なる役割を果たすのである．

---

1) 総資本について，投資は利潤を増大させるという関係が成立することを，ケインズは旧約聖書にある「寡婦の壺」と呼んだことがある．いくら使っても尽きることのない無尽蔵の壺のことである．ケインズ『貨幣論』第1巻「貨幣の純粋理論」(『ケインズ全集』第5巻，東洋経済新報社，1979年) 142ページ．

3. 利潤決定の諸説

　利潤がなぜ得られるかについて，これまでも様々な考え方が提示されてきた．たとえば，販売価格引き上げ説，資本家賃金説，資本の限界生産力説などが挙げられる．

販売価格引き上げ説

　個別の資本家が販売価格を引き上げれば，確かに利潤が得られることもある．しかし問題は，資本家階級全体として利潤が得られるかである．個別の資本家は売り手であるばかりでなく，買い手でもある．高くなった生産物を購入する資本家は損失をこうむるので，それを回避しようとして，みずからの生産物価格を引き上げる．そうすると，この高くなった生産物を購入する資本家は……，ということになる．つまり，この方法では，資本家階級全体として利潤を得ることはできないのである．

　可能なのは，資本家階級の外部に高く売って，安く買い入れる場合である．この外部とは労働者階級であり，あるいは外国である．労働者の場合は，消費財を高く売って，労働力を安く買い入れることになる．外国の場合は，自国財を高く売って，外国財を安く買い入れる．つまり，資本家階級の外部に「搾取する」対象が存在しなければならない．

資本家賃金説

　利潤は資本家の賃金であるという説はどうだろうか．資本家を，企業の経営管理を担う主体と考えれば，これには一定の客観的根拠があるように見える．

　だが，こうした管理労働は，資本家から労働者に委託されるようになっていく．そうなっても，利潤は労働者の手に入るのではなく，資本家が得るの

である．管理労働を担う労働者を搾取することに，利潤存在の源泉が求められる．

資本の限界生産力説

資本の限界生産力という考え方はどうであろうか．労働能力（限界生産力）に対する支払いが賃金であり，資本の生産力（限界生産力）に対する報酬が利潤になるという説である．

資本の生産力という言葉で，生産設備などの物質的な生産力を意味するならば，それが利潤存在の自然的条件をなしているのは事実である．しかしそれだけでは，利潤が実現すること，資本家が利潤を手にすることが保証されるわけではない．

資本の物的生産力といっても，本源的には労働の生産力である．人間は自然に働きかけて，みずからにとって有用な生産物を生み出す．生得的な身体だけでなく，「資本」と呼ばれる道具・機械を用いて自然に働きかけるが，そうした資本も労働の生産物である．資本はこの労働の生産力を，あたかも自分のものであるかのように装っているにすぎない．

将来割引説

さらに，将来財が現在財に比べて低く評価されるから利潤が生まれる，という考えもある．労働者は労働と消費財を交換して暮らしを立てている．労働と消費財の交換は，現在の消費財と将来の消費財との交換と見なしうるが，人間は将来財を割り引いて評価するから利潤が生まれると主張される．

問題は，なぜ労働者がこのような交換をしなければならないかにある．それは，労働者は生産手段をもっておらず，労働力を商品として販売し，賃金を前払いされなければ生活できないからである．つまり，この考え方が成立する根拠には，資本主義的な関係があるのであって，たんなる人間の「本

性」から利潤存在が説明できるわけではない.

こうして見てくると，観点を変えつつ，利潤の源泉は剰余労働の搾取であるとの命題を確かめたことになる.

4．資本主義の再生産と利潤率

実質賃金率の上限と下限

　第3章で，利潤率と実質賃金率との間に対抗関係があることを見た．資本蓄積率が利潤率を決めるということは，資本蓄積率が実質賃金率を決めると言いかえることができる．

　利潤が存在するためには（4.1）が満たされねばならず，実質賃金率が低く抑えられていなければならない．とはいえ，あまりに低く抑えられてしまうと，資本主義的関係そのものが維持・再生産できなくなる．

　ここで，資本主義的関係が維持されるために，実質賃金率はどのような範囲になければならないかを考えよう．

　労働力を再生産するために最低限必要な消費財の量をB_{min}とする．一日の労働時間の生理的限界をT_{max}とする．人間も生物であるかぎり睡眠が必要であるし，それ以外にも生存のために必要な時間がある．それらを可能なかぎり短くしたときの労働時間がT_{max}である．これらの比が実質賃金率の下限を定める．

$$R_{min} = \frac{B_{min}}{T_{max}} \tag{4.7}$$

　現実の実質賃金率は，少なくともR_{min}を上回っていなければならない．

　他方で，資本主義的関係が維持されるかぎり，実質賃金率が満たさねばならない上限R_{max}がある．

第一に、労働者の受け取る実質賃金率は、生活費を大幅に上回ることができない。仮に実質賃金率がきわめて高く、日々の生活費をまかなった後で残る額を一定期間積み立てることで、雇われる立場から抜け出ること（賃金労働者から資本家への転身）が可能であったとしよう。そうなれば、資本家と労働者の関係が維持できなくなってしまう[2]。

第二に、労働者の受け取る実質賃金率が高くなると、**搾取率**が一定水準を下回り、資本主義的関係が維持できなくなる。搾取率 e は、

$$e = \frac{1 - Rt_2}{Rt_2} \tag{4.8}$$

として定義される。労働者は1時間労働して R の消費財を受け取るが、これに含まれている投下労働量が Rt_2 である。分母の Rt_2 を**支払労働**と呼ぶことができる。分子は1から Rt_2 を差し引いたもの、すなわち剰余労働であり、**不払労働**と呼ぶこともできる。両者の比率が搾取率である。

搾取率 e は、消費財部門の労働生産性 $\frac{1}{t_2}$ と実質賃金率 R によって決まり、実質賃金率の減少関数になっている。実質賃金率が上昇すれば、搾取率は低下する[3]。資本家は利潤を、つまり剰余労働を求めて、生産・雇用などの決定をおこなっている。資本家が望む搾取率の水準を下回るほどに実質賃金率が高くなると、資本主義的関係が維持できなくなる[4]。

こうして、資本主義的関係が維持されるためには、実質賃金率は以下の範囲の中にとどまっていなければならない。

$$R_{min} < R < R_{max} \tag{4.9}$$

2）実際には、労働者から資本家に転身するために必要な額（最低必要資本額）は大きくなっているので、実質賃金率が生活費を多少上回っても、これを実現するのは困難である。

3）実質賃金率が変わらなくても、労働生産性を上昇させるような技術進歩（t_2 の減少）があれば、搾取率は上昇する。

4）第3章でもふれたが、実質賃金率をできるかぎり低くする方法として、(i)一日の労働時間を（T_{max} までの範囲内で）できるかぎり延ばすこと、(ii)労働力再生産に必要な消費財の量 B をできるかぎり小さくすること、(iii)労働生産性 $\frac{1}{t}$ を上昇させる技術進歩、などがある。生理的および文化的・社会的要因に規定される B はさしあたり変えられないとすれば、(i)(iii)の方法になる。前者は「絶対的剰余価値の生産」、後者は「相対的剰余価値の生産」と呼ばれる。

資本蓄積,利潤率,実質賃金率

これまで論じてきたことの因果関係をまとめると,

新投資→資本蓄積率→実現利潤率（→実質賃金率）→実現利潤・実質賃金

となっている．投資がどのように変化するかが,利潤率,実質賃金率の変化を定めている．資本主義的関係が維持・存続するためには,実質賃金率が一定の範囲になければならないが,それは投資（資本蓄積）の動きにかかっている．資本主義を理解することを目的とする本書において,投資が最も重要な変数になっているのである．

利潤が存在するための条件は (4.1) と示されたが,さらに実質賃金率が (4.9) を満たすように変動することが示されて初めて,利潤の存在条件が明らかになる．実質賃金率がどのように変動するかは,資本蓄積率がどのように変動するかに規定される．その意味で,利潤が存在する条件の論証は,経済学の全体に関わっている．実質賃金率の一時的決定は第7章で,資本蓄積率の変動は第8章で検討される．

投資を決定するのは個々の資本家であり,資本家階級として投資を決定するのではない．個々の資本家による新投資と生産量の決定は,利潤動機に従う．新投資と利潤との結びつきは,利潤動機を通じて,時間を通じた新投資の変動と,それにともなう生産量の変動を生み出す．そのような生産量と新投資の変動が,長期的に実現問題を解決する方向に向かうかどうかは,景気循環の問題である．

【キーワード】
　新投資需要,生産設備,経済成長,失業

【議論してみよう】
1. 利潤の存在条件と利潤の決定要因との関係について議論してみよう．利潤の存在条件が満たされているのに，正の利潤が実現されない場合はあるのだろうか．それはどのような場合か．
2. 労働者家計が賃金所得の一定率 s_w を貯蓄する場合，利潤率の決定式 (4.6) はどのような形になるだろうか．
3. 投資需要が経済の運動経路を決める変数であるという性質は，変わりうるだろうか．投資需要の決定要因が利潤であるという性質は，変わりうるだろうか．変わりうるとしたら，具体的にどのような社会変化や政策を通じてかを考えてみよう．

【参考文献】

岩田規久男『基礎コース マクロ経済学』第2版（新世社，2005年）．

中谷武ほか『マクロ経済学』新版（勁草書房，2009年）．

置塩信雄『蓄積論』第2版（筑摩書房，1976年）．

ジョン・メイナード・ケインズ『貨幣論Ⅰ 貨幣の純粋理論』（『ケインズ全集』第5巻，東洋経済新報社，1979年）．

コラム：日本の経済構造

第4章で説明した経済構造を，日本経済について示したのが下記の図である．

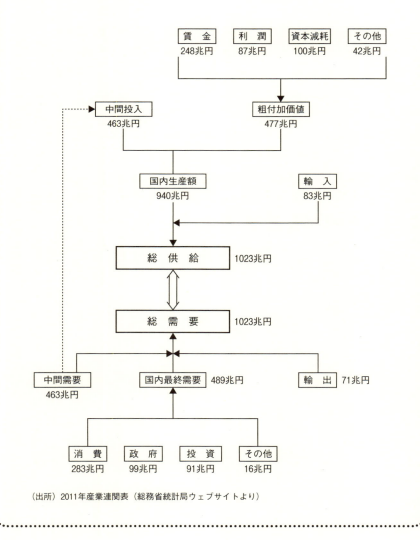

（出所）2011年産業連関表（総務省統計局ウェブサイトより）

第5章

国家と貨幣制度

　資本主義経済において，国家はどのような存在だろうか．市場経済を基礎に経済活動がおこなわれる資本主義経済では，国家も市場参加者の一員として経済に介入する以外にない．しかし，民間の経済主体とは異なる目的をもって，民間企業や家計がもちえない特別の権限をもっているのが国家である．その権限の中心には，徴税権と貨幣発行権がある．その内容を理解しておくことは，経済政策を考える場合，また政府の様々な活動が国民経済に及ぼす影響を考える場合に重要である．

1. 資本主義の再生産と国家

国家の機能

　資本主義の生産関係は，①資本家階級による生産手段の私有，②広範な社会的分業の存在，を特徴としている．生産手段をもたない労働者階級は，みずからの労働力を商品として売る以外に生活の道はない．生産に関する決定は，生産手段を私有する資本家階級によっておこなわれる．

　しかし，個々の資本家は，経済全体にある生産手段のうち，一部分を分散的に私有し，決定をおこなっているにすぎない．それぞれの資本家が生産や雇用，販売などに関する決定を私的におこない，その総合結果として，社会

全体の経済現象が生じる．こうした私的・分散的決定から必然的に，様々な不均衡や不安定な経済変動が発生することになる．

これらを調整して社会全体の再生産を維持するためには，調整機能を果たす何らかのしくみや経済主体の存在が必要になる．資本主義経済において，その調整機能を果たすのは市場メカニズムである．

しかし，第Ⅱ部で見るように，市場メカニズムには重大な欠陥や問題点があり，市場の自由な働きにゆだねるだけでは，経済活動の調和や安定性は確保されない．そこで，市場の欠陥を補い，資本主義経済の再生産を維持していくために，それを担う主体が必要になる．それが国家である．

2つの国家観

国家の役割については，これまで夜警国家と福祉国家という2つの国家観があった．

夜警国家とは，国家の役割は国防，警察，外交など，私有財産を守る治安維持活動に限定すべきで，あとは市場経済の自由な働きにゆだねるべきだとする国家観である[1]．おおむね20世紀初頭までは，こうした国家観が主流であった．

しかし，資本主義経済の様々な問題点が明らかになるにつれ，国家が積極的に経済に介入すべきだという考えが強まった．**福祉国家**は，国家が救貧法などによって貧困問題に対処すべきであり，さらに「ゆりかごから墓場まで」という言葉に象徴されるように，教育や医療，年金などの福祉問題に関与すべきであるとする国家観である．労働組合運動などにより，労働者階級の組織的な力が強まるとともに，このような福祉国家の考え方が広がった．その結果，第二次世界大戦後の多くの資本主義国家では，貧困問題や社会福祉問題を担う国家の機能は重要であるという考え方が主流となった．

---

1) これは自由主義国家を批判した19世紀ドイツのF. ラッサールの言葉に由来する．

1980年代以降になると，こうした国家の介入がインフレと経済停滞を招いたとして，自由市場を強調する思想と政策がふたたび強まった．これは**新自由主義**と呼ばれる．2つの国家観の対立は，経済理論における新古典派とケインズ派の対立にも関わっている．これについては第Ⅱ部であつかう．

国家の強制力

いずれにせよ，国家はその役割を発揮するために，民間の経済主体と異なる権能をもつことが認められている．それは国民に対する何らかの強制力であるといえる．国家は国民から，租税という形で，所得の一部を強制的に徴収できる．国家機関である中央銀行は，その国内で通用する貨幣を発行できる．そして，国家のルールを貫くために，場合によっては人を刑罰に処することもできる．もし民間人や民間組織がこのような行為をおこなえば，逆に私的犯罪行為として罰せられるが，国家はそれを合法的におこなうことが認められている．

資本主義社会における国家の強制力は，3つの側面を持っている．第一は，教育やメディアなどの**イデオロギー装置**である．第二は，法律や裁判所などの**法的装置**である．第三は，警察や軍隊，刑務所などの**実力装置**である．

法的装置や実力装置は強力なように思えるが，実はそうではない．たとえば，税を徴収するためには多くの人員や費用がかかるが，もし国民の側が自発的に納税を受け入れ，脱税行為は恥ずべきことだと考えていれば，それほど費用をかけなくとも徴税ができる．あるいは，国民の生命や財産を守るうえでも，国民が財産権や人権を尊重していれば，あまり費用をかけなくてすむ．

このように，国家に対する「自発的受容性」が作用するとき，国家の強制力は最も強く貫かれているといえる．これを支えているのは，第一のイデオロギー装置である．第二や第三の装置を発動しなければならないことは，逆に，その国家の強制力が危機に瀕していることを意味している．

経済活動において，民間部門にはない国家の特徴は，**徴税権**と**貨幣発行権**をもっていることである．国家はどのような民間企業も比較にならないほど巨大な組織であり，これらの権限をどのような目的と内容で行使するかによって，その国の経済は大きな影響を受ける．まず，国家の財政活動から見ていこう．

2．国家財政

歳出と歳入

国家は様々な活動をおこなっている．その活動の財源は，課税や国債の発行などによって調達している．国家が何にどれだけ支出し，その財源をどう調達しているかは，一国の歳出と歳入を見ることで知ることができる．

歳入：直接税

図表5-1は，日本政府の歳出・歳入構造を示したものである．歳入のうち，租税について見れば，個人の所得に課税される所得税，企業などの法人に課税される法人税，保有資産に課税される固定資産税などがある．これらは納税義務者が直接に支払う税金なので，**直接税**と呼ばれている．

所得税は，所得の高い人ほど税率が高くなるように決められている．これは**累進課税制度**と呼ばれ，市場経済が生み出す所得格差を軽減する機能をもつ．たとえば，親の所得が低くて子どもの教育に十分なお金をかけられない場合，その子どもはたとえ能力があっても適切な教育が受けられない事態が生じる．その結果，子どもも低い所得の職業にしか就けなくなるという，貧困の連鎖が生じうる．公教育を充実して，その財源は累進課税制度によって高所得者が負担すれば，貧困の連鎖の解消に役立つ．実際，資本主義国家に

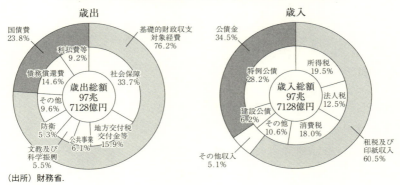

図表 5-1　日本政府の歳出，歳入（2018年度，一般会計）

(出所) 財務省．

おいても，大学の授業料が無料の国もある．

歳入：間接税

　直接税の他に**間接税**がある．商品の購入に課税される消費税や酒税，たばこ税などは，商品を購入する消費者にかわって，販売する事業者が納めるので，間接税といわれる．直接税が税負担を認識しやすいのに対して，間接税は販売価格に含まれているので税負担を認識しにくいという問題がある．また，消費者は所得の大きさに関わりなく消費する商品に課税されるので，所得の低い家計ほど税負担率は高くなる．これを**逆進性**という．これを緩和するため，生活必需品に対して税率を低くするなどの措置がとられることもある．

　所得税や法人税は，景気の変動により税収が大きく変化する．そのため，安定的な財源を確保するために，直接税から間接税に財源を移行させる動きが各国で見られる．その根拠として，直接税の累進性は高所得者の意欲を削ぐことになるので，累進性を弱めて高所得者の意欲を引き出し，新たな産業を生み出し，経済を成長させる政策的なねらいがあるとされる．しかし，そのような税制の変更が成長を促進するかどうかについては異論もある．むし

ろ，累進性を弱めることは，格差の拡大や貧困の連鎖といった負の側面を助長するという，否定的な見解も存在する．

歳入：国債

歳入には税金の他に，**国債の発行**という方法がある．日本政府の歳出総額97.7兆円に対して，租税収入は59.1兆円で，約6割をまかなっているにすぎない．残り4割は国債発行でまかなっている．

国債は政府の借金であり，国債発行残高が大きくなると，国債に対する信用が揺らぎかねない．信用の低い国債は，高い金利を支払わなくては発行できない．国債に対する信用危機はこれまで多くの国で生じているが，最近ではギリシャやアルゼンチンの例がある．ギリシャは2009年に債務危機に陥った．ヨーロッパ諸国やIMF（国際通貨基金）の支援を受けるため，最終的には増税や年金削減などの緊縮財政を受け入れざるをえなくなった．

歳　出

歳出（政府支出）は，国家の経済活動の方向や内容を示す重要な指標である．図表5-1の歳出構成からわかるように，日本政府の歳出の多くは，国債の返済（元利払い）にあてられる費用（国債費），医療・年金・介護などの社会保障にあてる費用（社会保障），地方自治体間の財源不均衡を調整するために再配分する地方交付税交付金などである．歳出総額97.7兆円のうち，国債費，社会保障費，地方交付税交付金の3つの合計で，全体の7割になる．

また，第4章でもふれたように，政府支出は，国家が経済全体の需要をコントロールする手段としても機能している．日本の場合，政府支出は総需要の2割を占めている．これを増減させることで，不況時に生産水準を高めたり，逆に好況期に景気の過熱を抑えたりする，**総需要管理政策**が実施されてきた．

財政活動の意義

　第4章でも見たように，政府支出によって剰余生産物が実現する．したがって，国家の財政活動の内容は，その経済の剰余生産物がどのように用いられるかという決定に関わっている．

　たとえば，資本家階級の利潤に課税し，国民の大多数である労働者階級への福祉支出をおこなうことは，剰余生産物に対する決定を資本家に独占させず，広く社会化することを意味する．

　多くの資本主義国では，財政活動の内容は，国民が選挙で選んだ代議員からなる議会によって決定されている．そこには多かれ少なかれ，階級間の利害対立や力関係が反映されている．

3．貨幣制度

貨幣の機能

　第2章で見たように，貨幣を欠いては市場経済が成り立たない．貨幣の機能は，①交換機能，②価値尺度機能，③価値貯蔵機能，の3つである[2]．

　①**交換機能**とは，その貨幣が商品交換の媒介となるという機能である．すべての人がそれを貨幣として受け入れることを，**一般受容性**と呼ぶ．

　②**価値尺度機能**とは，商品の価値が共通の貨幣単位で表示されるということである．日本の場合，すべての商品が円という単位で表示されている．これにより，商品の価値を比較することが可能となる．

　③**価値貯蔵機能**とは，ある程度の期間，その価値を保持できるという機能である．

---

[2] ここでいう「価値」は，第2章で見た労働価値のことではなく，より広く，商品どうしの交換比率のことを指している．

このような機能をもつモノが貨幣である．

貨幣制度の成立

　ここで，貨幣制度の成り立ちにさかのぼって整理をしておこう．現在，私たちが買い物をするときには，1万円札などの「日本銀行券」という紙切れと交換に，商品を手に入れることができる．貨幣のない社会ではどうだっただろうか．生活に必要なモノは，自給自足するか，物々交換（直接交換）で入手するしかない．しかし第2章で見たように，多くのモノを直接交換するのは困難であり，間接交換が生じる．これが**商品貨幣**の始まりである．

　このような役割を担う商品は，それ自体が価値をもち，分割可能で，変質しにくいなどの性質を満たさなければならない．多くの社会で，長期にわたる商品交換活動を通じて，貴金属がその役割を担うようになった（金属貨幣）．

　しかし，貨幣商品を保有するのは交換が目的であり，受領性さえあれば，その商品自体が価値をもつ必要はない．こうして，金属ではなく紙幣が交換を担うようになる．これが**兌換紙幣**である．国内取引でも国際取引でも，紙幣が発行され，その発行額はその国が保有する貴金属の量に結びつけられていた．貴金属として金（きん）が用いられる場合を**金本位制度**という．紙切れである紙幣そのものにはさほど価値はないが，必要な場合にはいつでも一定量の金と交換されることが保証されていたのである．

　しかし，交換において誰もが紙幣を受け取ってくれるという信頼と予想が定着すれば，金との兌換も必要でなくなる．そこで，最初から兌換を保証しない**不換紙幣**が流通し，これに基づく貨幣制度が成立した．これが**管理通貨制度**である．

　兌換紙幣であれ，不換紙幣であれ，人々が紙幣を受け取ってくれるという予想が重要である．この意味で，国の経済や国家に対する信認が，貨幣制度を支えているといえる．

　現在流通している紙幣は不換紙幣であるが，その紙幣の価値はどう保証さ

れているのだろうか．管理通貨制度のもとでは，その国の通貨価値を安定させることは，国家（中央銀行）の重要な役割となっている．金との交換を保証していないので，通貨価値は物価水準に依存する．もし激しいインフレーションが生じて，貨幣で買える商品量が激減すると，紙幣に対する信頼が失われ，人々は紙幣ではなく米や衣類など商品とでなければ交換に応じようとしなくなるかもしれない．これは実際に，第二次世界大戦後のハイパー・インフレーションのときに経験したことである．

現代の貨幣制度では，紙幣や硬貨だけでなく，**銀行預金**も貨幣として通用している．紙切れのやりとりをしなくても，Aさんの預金残高の数字をBさんの預金残高に移すだけで，AさんからBさんへの支払いがなされる．

4．貨幣量の決定

それでは，一国の貨幣量は，どのように決まるのだろうか．現金（日本銀行券や硬貨）が貨幣であることは誰も疑わないであろう．日本のマネーストック統計では，貨幣量（マネーストック）について，以下の定義をしている[3]．

$$\text{マネーストック } M = \text{現金通貨}(C) + \text{預金通貨}(D) \tag{5.1}$$

ここで，**預金通貨**とは，普通預金や当座預金など，民間銀行（市中銀行という）が発行するものである．家計は現金と引き換えに預金を保有することもできるし，現金がなくても銀行からの貸付によって預金をもつことができる．また，クレジットカードを使って買い物をする場合などは，現金ではなく預金で決済される．このように，預金は現金に換えることが容易であり，預金そのものを決済に使うこともできるため，現金とともに預金残高も貨幣量に含めて定義される．

---

[3] マネーストックには，現金通貨と預金通貨からなる M1，それに定期性預金を加えた M2 や M3 など，いくつかの定義がある．

市中銀行は，発行する預金通貨の一定割合を，**準備金**として中央銀行（日本では日本銀行）に預ける．この準備金Rと，民間部門（家計と企業）が保有する現金通貨Cの合計を，**ハイパワード・マネー**という[4]．中央銀行が金融政策で直接コントロールできるのは，このハイパワード・マネーである．

$$\text{ハイパワード・マネー}(H) = \text{現金通貨}(C) + \text{準備金}(R) \quad (5.2)$$

準備金Rは，法律で定められた**法定準備**と，市中銀行がすすんで保有する**超過準備**からなる．預金通貨の法定準備率をλ（ラムダ）と書き，超過準備をEとすれば，準備金Rは，

$$\text{準備金}(R) = \text{法定準備}(\lambda D) + \text{超過準備}(E) \quad (5.3)$$

となる．この式は**信用創造**を表現している．仮に中央銀行が市中銀行に，1億円のハイパワード・マネーを貸し付けたとしよう．市中銀行は，そのハイパワード・マネーを準備金として，民間部門に追加的な貸付をおこなうことができる．民間部門への貸付は，預金通貨の供給であり，総額$\frac{1}{\lambda}$億円の信用創造（預金通貨Dの増大）が可能である（ただし，$E=0$とする）．

現金・預金比率をα（アルファ），超過準備・預金比率をβ（ベータ）とすると，それぞれ，

$$\text{現金・預金比率}(\alpha) = \frac{C \text{（現金通貨）}}{D \text{（預金通貨）}} \quad (5.4)$$

$$\text{超過準備・預金比率}(\beta) = \frac{E \text{（超過準備）}}{D \text{（預金通貨）}} \quad (5.5)$$

となる．(5.4)は家計や企業の資産保有行動を，(5.5)は市中銀行の貸付行動を表している．たとえば，βの上昇は，市中銀行が家計や企業への貸付に対して慎重になっていることを表している．

(5.1)〜(5.5)より，ハイパワード・マネーHとマネーストックMとの関係を示す，以下の式が得られる[5]．

---

[4]「マネタリー・ベース」，「ベースマネー」ともいう．

$$M = \frac{1+a}{a+\beta+\lambda} H = \mu H \tag{5.6}$$

ここで，μ（ミュー）を**貨幣乗数**という．家計・企業の資産保有行動や市中銀行の貸付行動，さらに準備率が一定であれば，貨幣乗数は一定となり，ハイパワード・マネーの変動はそのままマネーストックの変動に現れる．しかし，家計・企業や市中銀行の行動は，経済状況や将来予想によって変化するため，ハイパワード・マネーとマネーストックは必ずしも対応した変動をしなくなる．

日本経済の例を見てみよう．**図表5-2**のように，2000年代，とりわけ2013年以降，日本銀行はハイパワード・マネーを大幅に増大させた（金融緩和）．しかし，マネーストックの伸びはそれほど大きくない．そして貨幣乗数は傾向的に低下している．つまり，期待したほどに金融緩和の効果が現れなかったのである．

これは，貨幣乗数μを決定する要因に変化が生じたからである．**図表5-3**を見ると，この時期に現金・預金比率（a）に大きな変化は見られないが，

図表5-2　ハイパワード・マネーとマネーストックの動向

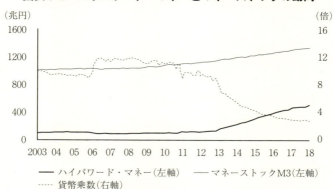

（注）Bloomberg L.P. のデータをもとに三井住友アセットマネジメントが作成．
（出所）市川雅浩「マネタリーベースとマネーストックの関係を再考する」三井住友アセットマネジメント．

5）(5.1)と(5.2)から，$\frac{M}{H} = \frac{C+D}{C+R}$．(5.3)から $\frac{M}{H} = \frac{C+D}{C+E+\lambda D}$．分母と分子を$D$で割り，(5.4)(5.5)から $\frac{M}{H} = \frac{1+a}{a+\beta+\lambda}$．

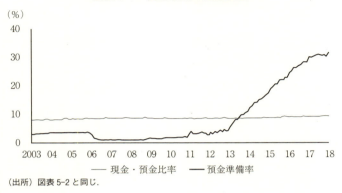

図表 5-3　貨幣乗数の変動要因

(出所) 図表 5-2 と同じ．

預金準備率は大きく上昇している（このとき，βも上昇している）．日本銀行はハイパワード・マネーを増やしてマネーストックをも増やそうとしたが，市中銀行はそれを民間部門への貸付などに向けずに，日銀への超過準備として積み上げたのである．

このように貨幣量は，中央銀行の行動だけでなく，市中銀行や家計・企業の行動にも依存して決まる．

5．利子率の決定

貨幣量に関わる変数として，利子率についてもここで見ておこう．

利子とは，貨幣を貸した後，その返済の際に，貸した金額（元金）と期間に応じて，元金に上乗せで受け取る金額のことである．**利子率**とは，元金に対する利子の割合である．

資金の貸借が，年あたり 5 千円の利払いを約束する債券の売買でおこなわれるとしよう．この債券が市場で 10 万円で販売されたとすると，利回り（利子率）は 5 ％である．この債券に対する需要が増大して，12 万円で販売されると，利子率は 4.17 ％（5 千円÷12 万円）に下落する．逆に資金の貸し手が少

図表 5-4　利子率の決定

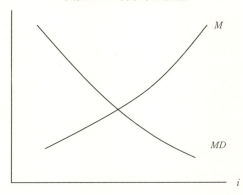

なく8万円に下落すると，利子率は6.25%に上昇する．このように，貸付金の供給が増える（債券価格が上昇する）と，利子率は下落し，逆に，貸付金の供給が減る（債券価格が下落する）と，利子率は上昇する．こうして，資金の需要と供給が一致するように利子率が決定される（**図表 5-4**）．

前節で見た貨幣量（マネーストック）M は，経済全体での資金供給を表している．その量は，ハイパワード・マネー H，家計や企業の資産保有行動 α，市中銀行の貸付行動 β，そして政府が決める法定準備率 λ に依存する．市中銀行の貸付行動は利子率に依存し，高い金利であれば貸出を増やし（β の低下），低い金利であれば貸出を減らす（β の上昇）．したがって，資金供給は利子率に依存し，利子率の増加関数である．

資金需要についてはどうだろうか．家計は，住宅購入や子どもの教育資金などを金融機関から借り入れようとする．企業は，設備投資資金を社債発行や金融機関からの借り入れでまかなおうとする．国や地方自治体も資金の需要者であり，これらも金融機関からの借り入れや，国債や地方債の発行によって資金をまかなおうとする．経済全体の資金需要 MD は，借り入れにともなう費用である利子率の減少関数である．

中央銀行の金融政策は，こうして決まる利子率や資金供給に影響を及ぼす．くわしくは第9章であつかうが，たとえば中央銀行は市中銀行から国債を買

ってハイパワード・マネーを増やしたり，逆に国債を売ってハイパワード・マネーを減らしたりする．

6．国際的枠組み

　経済のグローバル化の進展にともない，貨幣制度は国家の枠組みを越えたものとなっている．その典型的な例は，ヨーロッパの通貨統合である．ヨーロッパでは，もともと各国がそれぞれの通貨をもっていたが，1998年に欧州中央銀行（ECB）が設立され，単一通貨であるユーロが導入された．また，国際通貨基金（IMF）などは国際的な貨幣制度の安定化に，経済協力開発機構（OECD），先進7カ国首脳会議（G7）などは，世界経済の安定と成長に重要な役割を果たしている．

　第10章で見るように，金融政策は為替レートにも関わっている．各国が自国の利益のみを考えて金融政策をおこなっていては，世界経済全体としては不利益をこうむってしまうこともありうる．それゆえ，国際協調の役割はいっそう増してくると考えられる．

　しかし現実の世界では，国際協調が容易でないことも事実である．1930年代の世界大恐慌に対して，列強各国がブロック経済化を進めて自国の繁栄のみを追求したことは，第二次世界大戦の一つの要因となった．現代においても，グローバル市場をめぐって大国間の覇権争いや利害対立が生じており，国際協調は重大な課題となっている．

【キーワード】
　直接税，間接税，累進課税制度，ハイパワード・マネー，貨幣乗数

【議論してみよう】
1. 累進課税制度の是非について議論してみよう．
2. 一国のマネーストックの決定に，中央銀行，市中銀行，家計・企業がどのように関わっているのかを議論してみよう．
3. 図表5-2で見たように，ハイパワード・マネーとマネーストックは，必ずしも連動していない．「アベノミクス」と呼ばれる超金融緩和が実施された2013年以降について，その理由を議論してみよう．

【参考文献】
宇波弘貴編著『図説 日本の財政 平成29年度版』（東洋経済新報社，2017年）．
家森信善『金融論』（中央経済社，2016年）．
藤原賢哉・家森信善『金融論入門』（中央経済社，2002年）．

コラム：金融の不安定性

　マクロ経済学には，大きく分けて2つの潮流がある．
　一つは新古典派経済学や新しい古典派といわれるもので，市場メカニズムの有効性と，経済の供給面の役割を強調している．また，経済の実物面と金融面の相互依存関係を軽視している．もう一つがケインズ経済学で，経済の需要面の役割を強調し，実物面と金融面の相互依存関係を重視する．
　ケインズ経済学は，1970年代に発生したスタグフレーション（インフレーション下の経済停滞）に有効な処方箋を提示できず影響力を失い，それにかわって新古典派経済学や新しい古典派が，欧米を中心に台頭してきた．
　ポスト・ケインズ派経済学に属するハイマン・ミンスキーは，『金融不安定性の経済学*』において，金融不安定性仮説を提示した．それは，複雑な金融システムを内包する現代の資本主義経済では，金融的な過熱とその崩壊は不可避であるとする主張だった．
　1980年代後半の日本におけるバブル経済や，1990年代後半のアジアにおける通貨危機など，金融的な要因による危機の多発に光を当てる分析であったが，ミンスキーの金融不安定性仮説は，当時の主流派の経済学者からはまったく無視された異端の学説であった．
　経済の実物面と金融面の相互依存関係を軽視する新古典派経済学や新しい古典派では，景気循環は実体的ショックを主要因として発生し，貨幣的現象は実体経済のミラーイメージにすぎないと考えている．それゆえ，新古典派の立場から見れば，金融の不安定性は発生しないはずである．
　2008年に発生したサブプライム問題に端を発した世界的な金融危機は，新古典派経済学が大きな問題を含んでいることを示した．

---

*　ハイマン・ミンスキー『金融不安定性の経済学──歴史・理論・政策』（多賀出版，1989年）．

第Ⅱ部
資本主義経済の再生産

第 6 章

市場の機能とその限界

　資本主義経済は市場経済を原則とする経済システムである．そこでは生産手段を私有する資本家による私的・分散的な決定がおこなわれ，その結果，多くの不均衡や攪乱(かくらん)が生じうる．それにもかかわらず，長期的には，生産手段の維持，労働力の再生産，資本蓄積と生産力の上昇など，社会全体の再生産が実現されてきた．これを支えた市場の機能を考察する．しかし，市場メカニズムには限界があり，国家などによる社会的な規制が必要になる．本章では，市場の機能を取り上げ，その利点と限界について学ぶ．

1. 市場の機能

　市場とは，売り手と買い手が商品の価格と数量をめぐって取引をおこなう「場」の総称である．市場は，一定の条件のもとで，効率的な資源配分をもたらす．

　商品の価格は，経済学の初歩で学ぶように，市場における需要と供給の関係によって決まる．ある価格のもとで，商品に対する需要量が供給量を上回っていれば価格は上昇し，下回っていれば価格は下落する．このような調整を経て，需要量と供給量が一致するところで**均衡価格**が決まる．この均衡価格では，消費者と生産者の満足が最大限に満たされるので，効率性が達成されている．

市場メカニズムがうまく働いていると，商品の価格はその**希少性**をうまく反映する．つまり，価格が高い商品はなかなか手に入らない貴重なモノであり，逆に価格が低い商品は比較的容易に手に入るモノである．このように，価格が商品の希少性を反映することによって，労働や資本，土地などの経済資源が，必要なモノの生産活動に最適に配分されていくのである．
　もしこの機能がうまく働かない場合，どのようなことが起こるだろうか．ジンバブエ政府は，インフレーションに対応するために，2000年代に食品や日用品の価格を低く固定する価格統制をおこなった．その結果，食品を含め多くのモノが市場から消えてしまった．この例が示すように，価格メカニズムに対する外からの規制は，その意図に反して，社会に混乱を生じる場合がある．

2．短期と長期

　価格の決定要因について考える際，どのような期間を対象とするのかを明らかにすることが必要である．生産設備の量や供給能力が変化しない，比較的短期においての価格決定と，新しい生産設備が設置され，古い生産設備の廃棄が生じる，もう少し長い期間における価格決定とでは異なる．さらにもっと長い期間を考えると，異なる生産部門（たとえば生産財部門と消費財部門）の間で利潤率に差があれば，利潤率の低い部門の生産設備が売り払われ，利潤率の高い部門への資本移動が起きる．
　ここでは，生産設備の量が変化しない期間を**短期**，資本移動が行きついた期間を**長期**として，それぞれの場合の価格決定の要因を考察しよう．

3. 価格の短期的決定

まず，生産設備の量が変化しない短期の価格決定について考えよう．

商品の価格は，需要と供給の関係によって決まるのであるから，この均衡価格を決める要因を知るためには，需要と供給それぞれを規定している要因を調べればよい．ここで考慮する経済主体は，資本家と労働者の二者である．

供給から見ていこう．資本家は，生産物価格や賃金率を見ながら，利潤を最大にするように生産量を決定する．その際，いま有している生産設備の量や，それに組み込まれている技術が大きな役割を果たす．生産物価格や賃金率が変化した場合，短期においては，生産設備の**稼働率**を変化させることで生産量を変化させる．稼働率とは，現在ある生産設備をどの程度稼働するかを表す概念である．

また，企業がどの程度の市場独占力をもつかといった，その資本家の市場支配力も，生産決定や供給量に影響を与える．企業の数が少なく，より独占的であればあるほど，供給量を抑えて価格を引き上げようとする誘因が働き，供給量は減少する．

次に，需要について考えよう．生産物は大きく分けて，生産財と消費財の2種類がある．生産財を需要するのは資本家であるが，その需要には，生産財の消耗分を補うための中間需要（補填需要）と，それを超えて生産拡大を目的に購入される投資需要（蓄積需要）の2つがある．

労働者は賃金をもとに消費をするので，その源泉である実質賃金率と雇用量によって，労働者による消費需要が決まる．また，消費財は資本家によっても需要される．

以上の説明に基づいて，短期における価格を規定する要因をまとめると，**図表6-1**のようになる．

少し複雑な図であるが，よく見ると，他の要因の影響を受けず，独立して需要量や供給量に影響を与えている要因がある．それは，資本家の決定態度，生産設備の量と種類，貨幣賃金率，資本家の個人消費，資本家の投資需要の

図表 6-1 短期の価格の規定要因

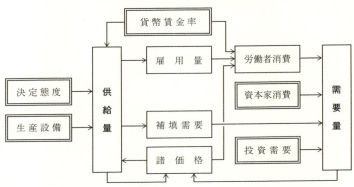

5つであり，これらの要因は二重線で囲まれている．これら5つが，短期における価格を決定する根本的な要因なのである．

ここで，これらの根本的な要因が変化した場合，価格にどのような影響があるのかについて調べてみよう．

- 資本家の生産決定態度がより独占的になったとき，供給量が減少し，財市場が超過需要状態になるため，価格は上昇する．超過需要とは，供給よりも需要のほうが大きい状態のことである．
- 生産設備の量が増えたときは，供給量が増えるので，財市場が超過供給状態になり，価格は下落する．超過供給とは，需要よりも供給のほうが大きい状態のことである．
- 貨幣賃金率の上昇は，利潤を減少させるので，資本家は供給量を減少させる．また，このとき，労働者の消費需要は増加する．これらは，両方とも財市場を超過需要状態にするように働くので，価格は上昇する．
- 投資需要や資本家の消費が増えたときは，財市場が超過需要状態になるので，価格は上昇する．

4．価格の長期的決定

　短期の市場均衡価格は，決して永続しえない．その原因は，前節で根本的な決定要因の一つとされた投資需要にある．

　資本蓄積は，非常に短い期間においては，生産財に対する需要の増大という意味しかもたないが，時間が経つにつれて，生産能力（供給能力）の拡大をも意味するようになる．機械は，資本家によって購入された時点では需要の増大であるが，その後，設置が完了して動きだせば，今度は供給の増大に貢献する．このような資本蓄積の性質を，**投資の二重性**と呼ぶ．

　このように生産設備の量が変化する長い期間を考える場合，もはや価格は，短期の均衡水準にとどまってはいない．それでは，長期において価格はどのような水準に落ち着くのだろうか．

　いま，短期の均衡状態にある消費財と生産財の２つの部門を考えてみよう．もし，生産財部門の利潤率が消費財部門よりも高い場合，消費財部門の資本家は，より高い利潤率を求めて，消費財部門から生産財部門へ資本を移動するであろう．その結果，生産財部門の供給が増え，逆に消費財部門の供給が減り，生産財価格の低下と消費財価格の上昇が生じる．このような調整過程を経て，両部門の利潤率は等しくなる可能性がある．

　しかし，常にこのような順調な調整過程が進むとはかぎらない．消費財部門から生産財部門へ資本が移動する場合，生産財部門で生産設備の増大が生じる前に，まず生産財部門への投資需要の増大が生じる．その結果，生産財部門に対する超過需要がいっそう激しくなり，生産財価格は上昇して，生産財部門の利潤率が上昇し，消費財部門との利潤率格差はいっそう増大する可能性があるのである．こうして，生産財への超過需要が解消されずに投資と生産が増加していくという，**上方への不均衡累積過程**が進む可能性がある．

　これは景気の上昇局面に対応している．やがて景気の反転が生じて，今度は上記と逆の，**下方への不均衡累積過程**が生じるであろう．こうして，長期的な均衡状態は，資本移動による順調な調整によって達成されるのではなく，

景気の上昇と下降という景気循環を介して，長期・平均的に実現するのである．これが両部門で利潤率が等しくなる**生産価格均衡**といわれる経済状態である．

　生産財部門を1，消費財部門を2の添え字で表す．生産財1単位の生産に必要な生産財の量を a_1，直接労働を ℓ_1 とする．消費財1単位の生産に必要な生産財の量を a_2，直接労働を ℓ_2 とする．生産財価格，消費財価格をそれぞれ p_1，p_2，貨幣賃金率を w とすると，両部門で等しい利潤率（**均等利潤率**）r は，次の式で表すことができる（**数学注1**を参照）．

$$p_1 = (1+r)(a_1 p_1 + \ell_1 w) \tag{6.1}$$

$$p_2 = (1+r)(a_2 p_1 + \ell_2 w) \tag{6.2}$$

$$w = R p_2 \tag{6.3}$$

R は実質賃金率である．また，賃金前払いを仮定している．

（6.3）式を（6.1）（6.2）式に代入して整理すると，次式が得られる．

$$\frac{p_1}{p_2} = (1+r)\left(a_1 \frac{p_1}{p_2} + \ell_1 R\right) \tag{6.4}$$

$$1 = (1+r)\left(a_2 \frac{p_1}{p_2} + \ell_2 R\right) \tag{6.5}$$

この2つの式から，生産技術 (a_1, ℓ_1)，(a_2, ℓ_2) と実質賃金率 R が与えられると，均等利潤率 r と相対価格 $\frac{p_1}{p_2}$ の大きさが決まる．縦軸に両部門の利潤率，横軸に相対価格をとって図示したのが**図表6-2**である．生産財部門の利潤率は，生産財価格 p_1 が消費財価格 p_2 に比して上昇すると増大するので，相対価格 $\frac{p_1}{p_2}$ の増加関数になる．逆に，消費財部門の利潤率は相対価格の減少関数になる．こうして，両部門の利潤率が一致する均等利潤率 r^* が1つ存在し，それは2つの曲線の交点で与えられる．均等利潤率を与える相対価格もただ1つに決まることがわかる．

　ここで，実質賃金率 R が上昇するとしよう．**図表6-3**のように，（6.4）の曲線，（6.5）の曲線はいずれも下方にシフトする．つまり，実質賃金率の

図表 6-2　均等利潤率の決定

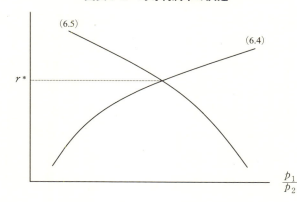

図表 6-3　実質賃金率の上昇と均等利潤率

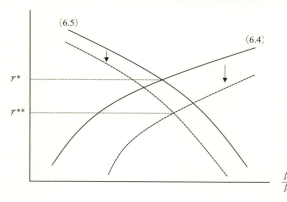

上昇によって，各部門の利潤率は低下する．各部門の利潤率の低下の程度は異なるであろう．生産に労働投入が多く必要とされる部門ほど，利潤率の低下は大きくなる．そこで，部門間の利潤率格差が生じて，ふたたび有利なほうへ資本移動が生じる．こうして，新しい均等利潤率が成立したとしよう．そのとき均等利潤率は r^* から r^{**} に低下している．相対価格の動きは，両部門の生産技術によって，上昇する場合もあれば低下する場合もある（**数学注2を参照**）．

　以上から，長期均衡において，実質賃金率と利潤率は，どちらか一方を増

やせばもう一方が減るという関係にあることがわかる．

5．市場の限界

市場の失敗

　市場メカニズムと価格の決定要因を学んできたが，市場は万能ではない．市場が有効に働かない場合があり，それは市場の失敗として知られている．

　前節までは，均衡価格がもたらされるような市場の働きを説明してきた．しかしその逆に，市場が需要と供給の不均衡を拡大するように作用する場合がある．たとえば，**バブル経済**のときを考えよう．株式市場において超過需要が発生し，株価が上昇しているとする．このとき，人々がさらに株価が上がると予想すると，株への需要がさらに増え，超過需要もいっそう拡大する．逆の場合は，株価の下落予想がいっそうの下落予想を生み，その結果，株式市場は売り一色になり，株式市場の低迷が継続する．

　このように，市場の働きは，市場参加者の将来予想に依存する．もちろん，株価上昇がある限度を超えて続けば，将来の下落を予想する弱気が支配的となり，逆の場合は，株価の回復を予想する人が増えるであろう．こうして，実体経済を離れた株価予想の上方，下方への乖離は，やがては逆転して引き戻されるかもしれない．しかし，当面は過熱的な上方運動，悲観的な下方運動が継続しうる．市場は常に安定的に作用するわけではない．

　次に，**独占企業**や**寡占企業**の場合がある．独占企業や寡占企業は，価格支配力をもつ．利潤を増加させるために，競争的均衡価格よりも高い水準に販売価格を設定して，その価格を維持するように供給制限をおこなう場合がある．この場合は，競争的な市場経済がもたらす効率的な生産は実現されない．

　また，地球温暖化問題のように，取引相手以外の経済主体に悪影響が及ぶ**外部不経済**の場合や，輸送道路や警察など，市場では供給されない**公共財**の

場合がある．これらの場合，市場経済を放置すると，地球規模で環境が悪化したり，公共財の供給が不足したりする．

さらに，取引主体がその商品に関する情報を共有していないような，**情報の非対称性**の問題がある．情報の非対称性は，モラルハザードの問題を引き起こす．よく知られている保険の例を挙げよう．何人かの自動車保険加入者が，保険に加入したことに安心して，事故に対する注意を怠るようになるとしよう．すると，事故率が逆に高まり，保険料が増大するので，多くの人が割に合わないと考え，保険契約を結ばなくなる．このような場合，自動車保険自体が成り立たなくなってしまうのである．

以上のことから，市場の機能が有効に働くためには，市場の非独占，外部性がないこと，公共財でなく私的財であること，情報の非対称性が存在しないことといった，いくつかの条件が必要になるのである．

分配問題

ところで，たとえ市場が機能したとしても，なお残る問題がある．それは，不平等や貧困といった，**分配**に関わる問題である．市場均衡は，これらの解決を保証するものではない．かえって，市場の機能が，こういった問題を悪化させてしまうことさえある．

1840年代にアイルランドを襲った大飢饉により，当時800万人ほどいた人口のうち，100万人以上が死亡したといわれている．この大飢饉のさなか，アイルランドから海外へ食料が輸出されていた．飢饉により需要が落ち込んだアイルランド国内では，食料を高い価格で売ることができないため，より高い価格で販売できる海外へ食料が輸出されたのである．これは，市場メカニズムが働いた結果である．

市場の利点と欠点を両にらみしつつ，政府による適切な政策や制度設計をおこなっていかなければならない．

【キーワード】
　価格メカニズム，価格の短期的決定，均等利潤率，生産価格，市場の失敗

【議論してみよう】
1. 価格メカニズムが働かないと，どのような問題が起こるだろうか．
2. 価格決定が短期と長期でどう異なるか，議論してみよう．
3. 市場の失敗の具体例を考えてみよう．

【参考文献】
中谷武・中村保編著『1からの経済学』（碩学舎，2010年）．
蓼沼宏一『幸せのための経済学』（岩波書店，2011年）．
アマルティア・セン『自由と経済開発』（日本経済新聞社，2000年）．

数学注1　均等利潤率

生産財部門で考えよう．生産財 X_1 を生産し販売すると，収入は $p_1 X_1$ である．費用は，生産手段費用 $p_1 a_1 X_1$ と，賃金費用 $w \ell_1 X_1$ である．その差額が利潤なので，利潤率 r_1 は以下のようになる．

$$r_1 = \frac{p_1 X_1 - p_1 a_1 X_1 - w \ell_1 X_1}{p_1 a_1 X_1 + w \ell X_1}$$

この式を変形すると，(6.1) 式が得られる．消費財部門の利潤率 (6.2) も同様に考えられる．

ここでは，賃金前払いを仮定している．もし賃金後払いであれば，分子の利潤額は変わらないが，初期投下費用は生産手段費用 $p_1 a_1 X_1$ のみとなり，したがって利潤率は高くなる．

数学注2　利潤率と実質賃金率，相対価格

(1) **実質賃金率 R が増大すると，均等利潤率 r は低下する．**

$$\frac{p_1}{p_2} = (1+r)\left(a_1 \frac{p_1}{p_2} + \ell_1 R\right) \tag{6.4}$$

$$1 = (1+r)\left(a_2 \frac{p_1}{p_2} + \ell_2 R\right) \tag{6.5}$$

において，(6.4) の左右両辺を相対価格 $\frac{p_1}{p_2}$ （$=q$ と書く）で割ると，

$$1 = (1+r)\left(a_1 + \ell_1 \frac{R}{q}\right) \tag{$*$}$$

この式から，生産財部門の利潤率は相対価格 q の増加関数であることがわかる．同じように (6.5) から，消費財部門の利潤率は相対価格 q の減少関数であることがわかる．

実質賃金率 R が増大すると，($*$) より，横軸の q の値に対して利潤率 r

は低下しなければならない。同じことが (6.5) の R と r についてもいえる。したがって図表 6-3 より、R が上昇すると、r は低下する。

(2) **実質賃金率 R と均衡相対価格 q の関係.**

均等利潤率を成り立たせる相対価格 q と実質賃金率 R の関係を見るために、(6.4) と (6.5) の辺々を割ると、

$$q = \frac{a_1 q + \ell_1 R}{a_2 q + \ell_2 R}$$

整理すると、

$$F(q, R) = a_2 q^2 + (\ell_2 R - a_1) q - \ell_1 R = 0$$

関数 F は q の 2 次関数であり、$-\ell_1 R < 0$ より、$F(q, R) = 0$ は、切片が負で下に凸の 2 次曲線となる。正の均等利潤率に対応する相対価格 q は、その正のほうの解である。

$F(q, R) = 0$ を全微分すると、

$$\frac{\partial F}{\partial q} dq + \frac{\partial F}{\partial R} dR = 0$$

$\frac{\partial F}{\partial q} > 0$ がすでに知られているから、$\frac{dq}{dR}$ の正負は $\frac{\partial F}{\partial R} = \ell_2 q - \ell_1$ の符号に依存する。$q > \frac{\ell_1}{\ell_2}$ ならば $\frac{\partial F}{\partial R} > 0$ なので、$\frac{dq}{dR} < 0$ となり、実質賃金率の上昇は相対価格 $\frac{p_1}{p_2}$ を低下させる。逆に $q < \frac{\ell_1}{\ell_2}$ ならば $\frac{\partial F}{\partial R} < 0$ なので、$\frac{dq}{dR} > 0$ となり、実質賃金率の上昇は相対価格 $\frac{p_1}{p_2}$ を上昇させる。

コラム：格差・貧困問題

　フランスの経済学者トマ・ピケティが著した『21世紀の資本[*]』が世界的な大ベストセラーとなったことが示しているように，近年，格差問題への関心が高まっている．

　2017年に国際NGOオックスファムが発行した報告書『99％のための経済[**]』によると，世界で最も豊かな8人が所有する資産は，資産が少ない人から数えた世界の半分の人が所有する資産に匹敵するという．

　また，世界の10人に1人が，1日2ドル以下での生活を余儀なくされている．日本においても，厚生労働省の発表によると，子どもの7人に1人が貧困状態にあるという．特に，「ひとり親世帯」（そのほとんどが母子世帯）の貧困率が非常に高く，50％を超えている．格差・貧困にはジェンダーも関わっている．

　このような格差・貧困問題を放置することは，社会に亀裂をもたらし，ひいては民主主義を脅かしかねない．富裕層や巨大企業は，カネの力を使って，経済のルールに一定の影響を与えることができる一方，貧困層ほどそうした力を奪われていることが多い．したがって，自己責任や個人の努力を強調するだけでは，これらの問題は解決しない．

　格差・貧困問題の解決につながるような経済ルールを示していくことは，現代の経済学に課せられている重要な課題の一つである．

＊　トマ・ピケティ『21世紀の資本』（みすず書房，2014年）．
＊＊　https://www.oxfam.org/en/research/economy-99

第7章

生産・雇用の決定

　経済活動の水準は，雇用の水準に結びつく．資本主義経済において，労働者は労働力を販売し，手にした賃金を基礎に生計を立てている．その意味で，雇用されつづけることは死活問題である．

　経済全体の生産量と雇用量は，どのように決定されるのか．本章ではそれを，物価は一定という仮定のもとで，生産設備の量が変わらない短期の観点から検討する．生産水準が時間の経過とともに変動（成長・循環）していくメカニズムは，次章であつかう．

1. 経済活動水準の決定

生産・雇用の決定

　生産物が1種類の経済を考えよう．ある期間（たとえば1年間）に，生産物がXだけ生産されたとしよう．生産をするためには生産手段として生産物が投入されねばならず，それは次期の生産に備えて補填される必要がある．これが中間需要（補填需要）であり，aX $(0<a<1)$ としよう．

　生産物XからaXを差し引いたものが純生産物であり，それは生産に寄与した人たち（資本家・労働者）の所得Yになる．Yは，国内総生産（GDP）にあたる．

$$Y = X - aX = (1-a)X \tag{7.1}$$

生産水準は需要の大きさDに規定されるという考え方がある．J. M. ケインズの**有効需要の原理**である．分析を単純化するために，政府の活動（政府支出・課税）と外国取引（輸出・輸入）は省略する．この想定のもとでは，経済全体の需要は次のように構成されている．

総需要＝補填需要＋消費需要＋投資需要
$$D = aX + C + I \tag{7.2}$$

消費需要は，所得の大きさから独立に定まる部分（基礎的消費c_0）と，所得の大きさに依存して決定される部分からなると考えるのが一般的である．多くの場合，次のような1次式の消費関数が仮定される．

$$C = c_0 + c_1 Y, \quad 0 < c_0, \quad 0 < c_1 < 1. \tag{7.3}$$

c_1は，所得Yが変化するとき，消費の変化がどれだけもたらされるかを示しており，**限界消費性向**と呼ばれる．そして，所得に対する消費の割合（$\frac{C}{Y}$）が**平均消費性向**である．所得が増加するにともなって，平均消費性向は低下していく．

投資需要は，さしあたりその決定要因を問わず，所与の値と想定しておこう．

$$I = \bar{I} > 0 \text{（定数）} \tag{7.4}$$

以上から，総需要と総供給を一致させる**均衡生産水準**を求めよう．

$$X = aX + c_0 + c_1 Y + I \tag{7.5}$$

消費関数，投資需要を考慮すれば，

$$X = aX + c_0 + c_1(1-a)X + \bar{I} \tag{7.6}$$

を得る．これを解けば，均衡生産水準が得られる．

$$X^* = \frac{c_0 + \bar{I}}{(1-a)(1-c_1)} \tag{7.7}$$

さらに（7.1）を考慮すれば，均衡所得水準を次のように表現できる．

$$Y^* = \frac{c_0 + \bar{I}}{1-c_1} \tag{7.8}$$

こうして総需要に規定される現実の均衡所得が，労働を完全雇用した場合に達成できる所得に等しくなる保証はない．雇用量Nと生産量Xとの間に，

$$N = \ell X, \quad \ell > 0 \text{（定数）} \tag{7.9}$$

という関係が成立しているとしよう．この雇用量Nは，必ずしも労働供給量Lに等しくならず，ほとんどの場合はそれを下回ってしまう．つまり，**失業**が発生する．

こうして，均衡生産水準（および所得水準）は，人々の消費態度と投資需要の大きさに規定されることになる．基礎的消費c_0，限界消費性向c_1，そして投資需要Iが大きいほど，均衡生産・所得水準は大きくなる．

乗数関係

消費需要は安定的に推移するのに対して，投資需要はきわめて不安定的に動く．投資需要がΔIだけ変化するときに，それにともなって均衡所得水準はどれだけ変化するか（ΔY^*）を示す関係は，次のように表現される．

$$\Delta Y^* = \frac{1}{1-c_1} \Delta I \tag{7.10}$$

投資需要が変化する前後で成立している式を書いてみよう．

$$Y + \Delta Y = c_0 + c_1(Y + \Delta Y) + (I + \Delta I)$$
$$Y = c_0 + c_1 Y + I$$

第7章　生産・雇用の決定

両辺を引き算すれば,

$$\Delta Y = c_1 \Delta Y + \Delta I$$

となる．こうして，(7.10) 式が導かれる．

(7.10) 式は**乗数関係**と呼ばれ，$\dfrac{1}{1-c_1}$ は**乗数**と呼ばれる．$c_1 < 1$ を考慮すれば，投資需要の変化 ΔI を上回る均衡所得の変化 ΔY^* が生み出されることがわかる．たとえば，限界消費性向が0.8であれば，乗数は5であり，均衡所得の増加は投資需要の増加の5倍になる．[1]

2. 生産決定と実質賃金率

資本主義経済では，生産の決定をおこなうのは資本家である．その目的は利潤の追求にある．ここでは，資本家が利潤率の水準を見ながら生産決定をおこなっていると想定しよう．賃金が後払いされるならば，利潤率は次のように定義される．

$$r = \frac{pX - paX - wN}{paX} = \frac{1-a-R\ell}{a} \equiv r(R), \quad r' < 0. \tag{7.11}$$

第3章でも見たように，利潤率 r は実質賃金率 R の減少関数になり，両者には対抗関係がある．

資本家の生産決定態度として，利潤率が高くなれば生産量を増加させ，利潤率が低くなれば生産量を減少させると想定しよう．

$$X = X(r), \quad X' > 0. \tag{7.12}$$

---

1) ここでは，「他の事情は一定にして」，投資需要「だけ」が変化すると想定していることに気をつけよう．投資需要が減少する場合，他の事情が変わらなければ，確かに均衡所得は乗数倍の減少となる．しかし投資需要が減少しても，たとえば，賃金を引き上げて消費需要を増加させれば，総需要は減らない．(7.10) の背後には，投資が減少する局面で資本家が賃金を引き上げることはないという，資本家の決定態度についての「暗黙の仮定」があることを知っておく必要がある．

利潤率 r は実質賃金率 R の減少関数なので，生産量も実質賃金率の減少関数になる．つまり資本家は，実質賃金率が高くなれば生産量を減少させ，実質賃金率が低くなれば生産量を増加させる．

$$X = X(R), \quad X' < 0.$$

前節では，消費需要は経済全体の所得の大きさによって決まるとしており，経済全体の所得が賃金と利潤にどう分配されているかという視点が欠けていた．ここでは，消費需要は資本家の消費需要（C_k）と労働者の消費需要から構成されると想定しよう．労働者は得た賃金をすべて消費に振り向けると仮定すると，総需要は次のように構成される．

総需要＝補填需要＋労働者の消費需要＋資本家の消費需要＋投資需要
$$D = aX(R) + RN + C_k + I \tag{7.13}$$

雇用量と生産量の関係 (7.9)，そして投資需要を一定とした (7.4) から，

$$D = aX(R) + R\ell X(R) + C_k + \bar{I} \tag{7.14}$$

以上から，総需要と総供給を一致させる均衡生産水準を求めよう．

$$X(R) = aX(R) + R\ell X(R) + C_k + \bar{I} \tag{7.15}$$

これを書きかえると，

$$(1 - a - R\ell)X(R) = C_k + \bar{I} \tag{7.16}$$

ここで左辺を，

$$F(R) \equiv (1 - a - R\ell)X(R) \tag{7.17}$$

とすれば，利潤率が正であるかぎり，関数 $F(\cdot)$ は実質賃金率の減少関数になる．実質賃金率 R は次式を満たすように決定される．

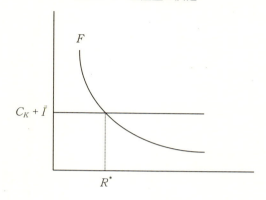

図表 7-1　生産量の決定

$$F(R) = C_k + \bar{I} \tag{7.18}$$

図表 7-1 において，F 曲線と $(C_k+\bar{I})$ 直線の交点で均衡実質賃金率 R^* が決定され，それに対応して均衡生産水準 $X(R^*)$ が決定される．

こうして決定される生産量 X^* に必要な労働量 ℓX^* が，労働供給量 L に等しくなる必然性はない．そのため，資本主義経済において失業が存在するのが常態といいうる．

均衡生産水準を規定している要因として，生産係数 (a, ℓ)，生産決定態度 $X(\cdot)$，資本家の消費需要 C_k，投資需要 $\bar{I}$ がある．

3．ケインズ派と新古典派

生産・雇用水準の決定については，ケインズの「有効需要の原理」に対立するものとして，**新古典派**の学説がある．

前節では利潤率の高低に基づく生産決定を想定したが，ケインズは**限界生産力説**を採用していた．その点では，新古典派と同じであった．

生産関数　　$X = X(N)$,　$X' > 0$,　$X'' < 0$.　　　　　(7.19)

労働の限界生産力は正（$X' > 0$）であるが，それは逓減していく（$X'' < 0$）．この生産技術のもとで，価格 p と貨幣賃金率 w が与えられたときに，

利潤　　$\Pi = pX(N) - wN$　　　　　(7.20)

を最大化するように生産・雇用決定がなされる．そのための条件は，

$$X'(N) = \frac{w}{p}\ \text{（労働の限界生産力＝実質賃金率）} \quad (7.21)$$

である．労働の限界生産力は逓減，つまり雇用量の減少関数なので，生産量は実質賃金率の減少関数となる．形式的には，前節の議論と同じである．

ケインズの考え方は，需要の大きさが生産・雇用水準を決定するというものである．すなわち，[財への有効需要]→[生産量]→[雇用量]（必ずしも完全雇用は成立しない）という因果関係である．

　　ケインズ：　　| 財市場 |　→　| 労働市場 |

これに対して，新古典派では，[労働市場：完全雇用]→[財の供給]→[財市場の需給一致]という因果関係が想定されている．ケインズと方向が逆になっている．

　　新古典派：　　| 労働市場 |　→　| 財市場 |

利潤最大化の条件式 (7.21) は，実質賃金率が与えられたときに，そのもとでの労働需要を与える式とも読める．労働供給が実質賃金率の増加関数であると想定すれば，労働市場で需給が一致するように実質賃金率が決定される．実質賃金率のもとで労働はすべて雇用されることになる．つまり，完全雇用が成立する．

こうして決定された労働を投入して得られる生産量（完全雇用所得）が供給されれば，それと同量の生産物需要が生み出されると考えられる．つまり，

供給は必然的にそれに見合う需要を生み出すという**セー法則**が成り立っている．ここでは，投資需要は財市場の需給が一致するように受動的に決定されると考えられており，独立的に決まるとは考えられていない．

4．経済拡大策——2つの考え方

投資増大による経済拡大

均衡生産水準 X^* を規定している要因は，生産技術 (a, ℓ)，生産決定態度 $X(\cdot)$，資本家の消費需要 C_k，投資需要 $\bar{I}$ であった．生産技術が変わらず，そして生産決定態度も変わらないとすれば，図表7-1の F 曲線は不変である．もし資本家の消費需要，投資需要が大きくなれば，$(C_k + \bar{I})$ 直線は上方にシフトし，均衡実質賃金率 R^* は低下する．したがって，利潤率は上昇し，生産量と雇用量は増加することになる．

ここから，もし生産水準が低いとすれば，その原因は，資本家の消費需要と投資需要が少ないことにある，という考え方が出てくる．消費需要は安定的であるとすれば，経済拡大のためには，投資需要を増加させる政策が必要ということになる．

ここまで，投資需要は所与としてきたが，それはどのように決定されるだろうか．投資需要の大きさは，経済活動水準を規定する最も重要な要素であるため，これまで様々な**投資関数**が検討され，提示されてきた．[2]

ケインズ型の投資関数は次のように定式化される．

$$I = I(i; r^e), \quad I' < 0. \tag{7.22}$$

i は利子率，r^e は予想利潤率である．予想利潤率 r^e を所与とすれば，投

---

[2] たとえば，中谷武・菊本義治・佐藤真人・佐藤良一・塩田尚樹『新版 マクロ経済学』（勁草書房，2009年）第6章「投資関数」を参照．

資需要は利子率の減少関数になる．資本家の行動の基礎は利潤追求である．投資を実行するかどうかは，予想利潤率と利子率の大小比較から決定される．利子率が低くなれば，それを上回る予想利潤率をもつ，すなわち「もうかる」と期待される投資機会は多くなる．つまり，利子率が低下すれば投資需要は増加する．利子率が変わらなくても，将来予想が好転すれば，投資は増加することになる．

　投資需要の決定において，利潤が直接の規定因であると想定するのは合理的である．ニコラス・カルドア，ミハウ・カレツキなどによる**利潤原理**と呼ばれる考え方である．投資が予想利潤 Π_t^e の大きさに規定されるならば，次のように定式化できる．

$$I_t = f(\Pi_t^e) \tag{7.23}$$

添え字の t は，それが第 t 期の値であることを表している．

　多くの人は，過去の実績に照らして予想を形成する．前期に実現した利潤 Π_{t-1} に基づいて予想利潤が形成される（「静学的期待」と呼ぶ）とすれば，次のように書きかえられる．

$$I_t = f(\Pi_{t-1}). \tag{7.24}$$

関数 f の位置・形状が与えられれば，前期の実現利潤から（したがって前期の投資実績から）今期の投資需要が決まる．関数 f の位置・形状が異なれば，投資需要の大きさは変わる．具体的には，資金の借り入れやすさ，投資減税，産業基盤の整備，生産・投資をめぐる様々な規制などが挙げられる．投資（資本蓄積）を後押しするような環境づくりがなされれば，経済は拡大するという主張になる．

　別の視点からこの主張の意味を考えておこう．財市場の需給一致式 (7.15) を書き改めると，

$$X - aX = RN + C_k + \bar{I} \tag{7.25}$$

となる．左辺は純生産物，右辺は労働者消費，資本家消費，投資需要の和であり，これらが等しいことが表されている．この式は，次のようにも書きかえられる．

$$X - aX - RN = C_k + \bar{I} \tag{7.26}$$

左辺は剰余生産物，右辺は資本家消費と投資需要の和であり，これらが等しいことが表されている．資本家消費と投資需要は，剰余生産物からまかなうほかないのである．

したがって，投資需要を大きくするということは，剰余生産物に対する資本家の要求を高めるという意味をもつ．図表 7-1 で $(C_k + \bar{I})$ 直線が上方にシフトし，均衡実質賃金率は低下するというのは，こうした背景があることも理解しておかねばならない．

投資増大によらない経済拡大

投資需要を大きくする政策以外に，経済を拡大する策はないのであろうか．

ここまで，生産決定態度と生産技術は不変であると想定して議論を進めてきた．確かに，資本家による生産・投資決定を不動の前提とする立場はある．利潤最大化条件を所与としたケインズもこの立場であった．

しかし，もし実質賃金率が上昇しても，それにともなって生産水準を減少させるという行動をとらせない（利潤追求行動の規制）ようにできれば，図 7-1 の F 曲線は上方にシフトする．その結果として，均衡での実質賃金率は上昇し，生産水準も増加することになる．生産増加と実質賃金率上昇が同時に実現できるのである．

(a, ℓ) を小さくさせるような生産技術の変化も，同様の効果をもつことは，容易に確かめられる．

資本主義的な生産決定を前提に，投資需要を増加させることで経済を拡大するケインズ的政策と，その前提も「可変」とする政策の 2 つを考えた．新

古典派的に考えるとどうだろうか．労働需要関数は，資本家の利潤最大化を満足するという点で変えられないので，労働供給曲線をシフトさせるしかない．賃金水準が低くなっても労働供給を変化させないならば，需給一致をもたらす労働量は増加する．とすれば，生産量も増加することになる．

【キーワード】
　ケインズ，有効需要，新古典派，セー法則，実質賃金率

【議論してみよう】
1. 生産決定メカニズムにおけるケインズと新古典派の違いは何だろうか．
2. ケインズ型投資関数は，どのように特徴づけられるだろうか．
3. 関数 $F(\cdot)$ をシフトさせるためには，どのような方法があるだろうか．

【参考文献】
吉川洋『マクロ経済学』第4版（岩波書店，2017年）．
宇仁宏幸ほか『入門 社会経済学』第2版（ナカニシヤ出版，2010年）．
植村博恭ほか『社会経済システムの制度分析』新版（名古屋大学出版会，2007年）．
新野幸次郎・置塩信雄『ケインズ経済学』（三一書房，1957年）．
ジョン・メイナード・ケインズ『雇用，利子および貨幣の一般理論』（岩波書店，2008年）．

コラム：利潤主導と賃金主導

賃金の引き上げは，生産・雇用にどのような効果をもつだろうか．ラディカル派経済学のマクロ・モデルを用いて検討してみよう．[*]

需給均衡　$Y=D$	(1)
総供給　$Y=qN$, q は定数	(2)
総需要　$D=cRN+I$	(3)
実質賃金率　$R=\bar{R}$（定数）	(4)
投資需要　$I=\bar{I}+\gamma\Pi=\bar{I}+\gamma N(q-R)$, $\gamma>0$（定数）	(5)

資本家は消費せず，労働者は賃金の一部 cRN を消費する．投資は利潤（Π）に依存して決定される．γ は投資の利潤に対する反応を表し，q は労働1単位あたりの生産量を表す．これらの式から均衡雇用量，

$$N^* = \frac{\bar{I}}{(1-\gamma)q+(\gamma-c)\bar{R}}$$

が得られる．実質賃金率 $\bar{R}$ が引き上げられたとき，雇用量 N^* が（したがって生産 Y も）増えるか減るかは，γ と c の大小関係による．

(i) $\gamma>c$ ならば，賃金引き上げは雇用・生産を減少させる．

(ii) $\gamma<c$ ならば，賃金引き上げは雇用・生産を増加させる．

(i)の性質を備えた経済を「利潤主導レジーム」，(ii)の性質を備えた経済を「賃金主導レジーム」と呼ぶ．

このことは，経済拡大策の効果が，経済の制度的枠組みによって変わりうることを含意している．経済政策の分析では，どのような制度や行動を可変的と考えるかによって，結論が異なるということを知る必要がある．

---

[*] Samuel Bowles, Richard Edwards, Frank Roosevelt and Mehrene Larudee, *Understanding Capitalism*, 4th edition, Oxford University Press, 2017.

第 8 章

経済成長と景気循環

　投資（資本蓄積）は総需要の一部を構成する要因であるが，同時に次期の生産能力を高める．この増加した生産能力が正常に稼働されると，生産量は当然増加する．この増加した生産量は，継続的に市場で販売されることが可能なのだろうか．生産能力が増えつづけ，それが正常に稼働を続け，増加する生産物への需要が毎期保証されることは，資本家にとっては望ましいことである．このような成長経路はどのように特徴づけられるであろうか．現実の経済は，その経路に沿って順調な成長を維持することができるのだろうか．

1. 単純再生産と拡大再生産

正常稼働と需給一致

　投資需要（蓄積需要）は，資本主義経済の運動にとってきわめて重要な役割を果たす．第 4 章で見たように，投資は総需要の構成要素であり，実現利潤の大きさを決めるという特別の重要性をもつ．投資のもう一つの機能は，それが生産過程に据えつけられて生産能力を増大させることである．需要を構成するとともに，将来の供給を増大させるという，この**投資の二重性**は，経済成長や景気循環を考える際に重要である．

　現実の経済は様々な不均衡や動揺を経ながら変動するが，仮に，次の 2 つ

の条件を毎期満たしつづけるような経路を考えよう．
① 生産能力が毎期正常に稼働する．
② 生産物は毎期正常に販売される．

　一般には，生産能力が正常に稼働しなかったり，また生産物の売れ残りや供給不足が生じたりして，これらの条件が満たされることはきわめて困難である．このような不均衡がなく，毎期，これらの均衡条件を満たしつづける経路とは，どのようなものであろうか．まず簡単な数値例で考えよう．

数値例

　生産物が1種類の経済を仮定し，政府や外国取引はないとする．1単位の生産をおこなうのに0.5の生産手段が必要であるとする（この0.5を投入係数と呼ぶ）．賃金支払い額が純生産額に占める割合（労働分配率）が60％で，労働者家計はその全額を消費需要に向けるとする．第1期の期首に存在する生産手段の量を50とする．毎期，生産手段を使い切り，生産物の需給均衡が維持されるとき，経済はどのように運動するのかを示したのが，図表8-1，図表8-2である．

　期首に存在する生産手段が50なので，それを正常に稼働して生産される生産量は，期首の生産手段量÷投入係数（50÷0.5）の100となる．そのうち50は中間投入で，残り50が純生産物である．この純生産物に対する労働者の消費需要は，労働分配率が60％でそれが全額消費されるので，30になる．残余の20が剰余生産物であるが，これが市場で販売されつくすためには，20の資本家需要がなければならない．

単純再生産

　図表8-1は，資本家がこの20をすべて消費需要として購入した場合である．剰余生産物は資本家の消費需要として売り切れ，生産物の需給は一致す

図表 8-1　単純再生産

	第1期	第2期	第3期
期首の生産手段(資本量)	50	50	50
生産量	100	100	100
純生産量	50	50	50
労働者消費需要	30	30	30
資本家消費需要	20	20	20
投資需要	0	0	0

る．第2期の期首に存在する生産手段は，前期に補填した50のみである．

その結果，第2期は第1期と同じ規模の生産がおこなわれる．純生産量や消費は増大せず，純生産量の伸び率（経済成長率）はゼロである．同じ規模の生産がくり返される単純再生産が続く．

拡大再生産

次に，剰余生産物の一部が投資として購入される場合を考えよう．これが**図表 8-2** である．純生産物は50で，60％が賃金支払いにあてられ，その全額30が労働者家計の消費需要として販売される．残余の剰余生産物は20であるが，その一部は投資需要として購入される点が前と異なる．利潤からの貯蓄率を0.5とすると，投資は10である．

投資は生産手段の補填を上回る生産手段の追加購入だから，2期の期首の生産手段は補填量50プラス投資10の計60に増加する．その結果，2期の生産量は60÷0.5の120になる．純生産は生産量120から中間投入60を引いた60になる．その60％の36が賃金として支払われ消費支出される．残る24が剰余生産物であるが，資本家の貯蓄率が0.5なので，12が追加的な生産手段購入になる．こうして剰余生産物24は，半分が資本家消費，半分が追加生産手段としてすべて販売される．

第3期の期首の生産手段は，補填量60プラス新投資12の計72である．以下，同様にして生産や消費，投資が次々に決まっていく．

図表 8-2　拡大再生産

	第1期	第2期	第3期
期首の生産手段(資本量)	50	60	72
生産量	100	120	144
純生産量	50	60	72
労働者消費需要	30	36	43.2
資本家消費需要	10	12	14.4
投資需要	10	12	14.4

　図表 8-2 では，生産量，純生産量，投資量，期首の生産手段（資本量）はすべて20％で増大する拡大再生産となっている．

　図表 8-1 と図表 8-2 はいずれも，生産能力の正常稼働と，生産物の需給一致という，2つの均衡条件を毎期満たしつづける経路である．しかし，一方では単純再生産，他方では拡大再生産が生じている．この成長率の差は，どのような要因で決まるのだろうか．

2．順調な拡大再生産

　前節の議論を，簡単な数式を使って整理しておこう．生産物市場の需給一致条件は，次のように表せる（第4章を参照）．

$$X_t = aX_t + R\ell X_t + C_{kt} + I_t \tag{8.1}$$

資本家消費は利潤の一定割合 c なので，

$$C_{kt} = c(X_t - aX_t - R\ell X_t) \tag{8.2}$$

これを代入すると，需給一致式は次のようになる．

$$(1-c)(X_t - aX_t - R\ell X_t) = I_t \tag{8.3}$$

　資本は期首に存在する生産手段の量であり，投資はその生産手段の追加を

意味するので,

$$K_t = aX_t, \quad I_t = K_{t+1} - K_t = a(X_{t+1} - X_t). \tag{8.4}$$

(8.3) の両辺を K_t で割り, 資本家の貯蓄率を $s = 1 - c$ と書けば,

$$sr_t = g_t \tag{8.5}$$

となる. ただし g は成長率, r は利潤率である.

$$g_t = \frac{X_{t+1} - X_t}{X_t} \tag{8.6}$$

$$r_t = \frac{X_t - aX_t - R\ell X_t}{K_t} \tag{8.7}$$

こうして, 順調な拡大再生産経路の成長率 g^* は, 資本家の貯蓄率と利潤率の積に等しい ($g^* = sr$) という基本的な関係式が得られる. 数値例の図表8-1 では $s = 0$ だから $g^* = 0$, 図表 8-2 では $a = 0.5$, $s = 0.5$ で労働分配率が 60%なので, $r = \dfrac{X - 0.5X - 0.6(X - 0.5X)}{0.5X} = 0.4$ であるから, 経済成長率 $g = 0.2$ が得られたのである.

このような, 生産能力が正常に稼働し, かつ生産物の需給が一致するという, 2つの条件を満たしつづける経路を**順調な拡大再生産経路**という. この経路上での成長率は $g^* = sr$ となる[1]. したがって, 拡大再生産経路が実現する条件は, 利潤率が正値をとることと, 資本家の貯蓄率が正値をとることである.

資本量に対する新投資の比率 $\dfrac{I_t}{K_t}$ を**資本蓄積率**という. (8.4)(8.6) 式からわかるように, 順調な拡大再生産経路では, 資本量は毎期 g^* の率で増大しつづけなければならない. この資本蓄積率は, 2つの均衡条件を満たすために必要な蓄積率であるが, この率を資本家が選択するかどうかはわからない. 資本主義経済では, 投資需要は個々の資本家が独立して決定している.

---

1) これは R. F. ハロッドの「保証成長率」と同じである.

もちろん彼らは，2つの均衡条件が満たされるように投資需要を決めるわけではない．また，ある時点で偶然に g^* に等しい資本蓄積率を選択したとしても，その率を毎期継続的に維持する保証はない．現実の資本蓄積率が g^* から乖離した場合，経済はどのような運動を示すのだろうか．

3．不均衡累積過程

ハロッド＝置塩型投資関数

　資本家が投資決定をおこなう際に重視するのは，投資をおこなった場合の予想利潤率である．利潤の大きさではなく，投下した資本額に対して得られると予想される利潤の大きさ（利潤率）が重要である．また，この利潤率は予想値なので，実際には投資の後，生産と販売をおこなわなければ確定しない．そこで，資本家は直近の実現利潤率から将来予想を形成すると考えるのが合理的であろう．

　次に，資本家が決める投資は，投資の絶対量 I ではなく，資本蓄積率 $\frac{I}{K}$ であると考えよう．同じ10の投資でも，資本量が1000のときの新投資10と，資本量が100のときの新投資10とでは，意味が異なるからである．資本の増加率は，前者では1％だが，後者では10％である．後者のほうが，より積極的な投資態度を表している．

　資本家は，直近の実現利潤率を参考に，資本蓄積率を決定する．そのような投資関数として，ここでは**ハロッド＝置塩型投資関数**を採用しよう．資本家が満足する利潤率（最適利潤率）を r^* とする．現実の利潤率がこの水準を上回れば，より積極的に投資を企図し，逆に下回れば，投資を控えめにしようとする．現実の利潤率が r^* に等しければ，そのときの資本蓄積率を維持する．このような投資決定態度は次のように定式化される．

$$g_t = g_{t-1} + \beta(r_{t-1} - r^*), \quad \beta > 0. \tag{8.8}$$

今期の資本蓄積率 g_t は，前期の実現利潤率 r_{t-1} と最適利潤率 r^* に依存する．利潤率と資本蓄積率の間には（8.5）の基本関係が存在しているので，これを代入すれば，資本蓄積率に関する次の定差方程式が得られる．

$$g_t = g_{t-1} + \beta\left(\frac{1}{s}g_{t-1} - r^*\right), \quad \beta > 0. \tag{8.9}$$

$(t-1)$ 期の資本蓄積率 g_{t-1} が与えられれば，t 期の資本蓄積率 g_t が決まり，次いで $(t+1)$ 期の資本蓄積率が決まり……，というようにして，資本蓄積率 g の時間経路が得られる．

不均衡の累積

初期（第 0 期）の資本蓄積率が sr^* と等しければ，$g_1 = g_0 = sr^* (\equiv g^*)$ となり，次期以降も資本蓄積率は同じ水準を維持しつづける．初期に資本家にとって望ましい状況が実現すれば，それは維持される．だが，このような偶然が起こる必然性もないし，その可能性は低い．

初期の資本蓄積率が sr^* と異なる場合，資本蓄積率はどのように運動するだろうか．グラフを用いて検討してみよう（**図表 8-3**）．

横軸に g_{t-1} を，縦軸に g_t をとっている．$g_t = g_{t-1}$ は，原点を通る傾き 1 の直線（45度線）である．この線上では，横軸の値と縦軸の値が等しくなっている．つまり，資本蓄積率が時間を通じて一定ということになる．

（8.9）式に想定されている関係は，45度線を下から切る形になる．なぜならば，

$$\frac{dg_t}{dg_{t-1}} = 1 + \frac{\beta}{s} > 1 \tag{8.10}$$

という関係が成立する，つまり傾きが 1 を上回っているからである．

資本蓄積率の初期値が $g_0 > g^*$ であれば，図に示されているように，時間

図表 8-3 不均衡累積過程

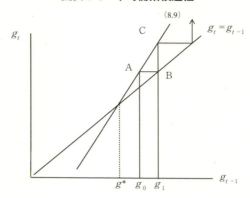

の経過とともに均衡状態から乖離していく．g_0 の点で垂線を立てて，グラフと交わる点をAとする．点Aまでの高さが g_1 を表す．点Aから横軸に平行な直線を引き，45度線と交わる点をBとする．この点から垂線を引き，横軸と交わる点が g_1 になる．点 g_1 で垂線を立ててグラフと交わる点をCとすれば，点Cまでの高さが g_2 を表す．このような手順をくり返していけば，資本蓄積率の動きがわかる．

初期値が均衡値を下回る場合（$g_0 < g^*$）も，同様の手順で，資本蓄積率が均衡状態から下方に乖離していくことがわかる．

これまでの議論を整理しておこう．生産能力を正常に稼働して得られる生産物がすべて市場で販売され，資本家の望む利潤率が実現する均衡状態（$g_t = g^*$, $r_t = r^*$）は，初期において資本蓄積率が特定の値をとる場合に限定される．その場合には，その均衡経路は持続可能である．しかし，個々の資本家が私的・分散的に決定する資本蓄積率が，g^* である保証はない．現実の資本蓄積率が g^* を外れる場合は，均衡値から上方あるいは下方に乖離していくことになる．これがイギリスの経済学者 R. F. ハロッドが示した「資本主義経済成長の不安定性」である[2]．

---

[2] ハロッドはこの問題を，1948年の著書『動態経済学序説』（有斐閣，1953年）およびその後の一連の論文で明らかにした．これは，ハロッド的不安定性命題と呼ばれている．

諸変数の変動

上方への不均衡累積過程では，資本蓄積率は $g_1<g_2<\cdots\cdots$ と増大していく．では，他の変数はどのように運動するのだろうか．(8.5) より，利潤率も $r_1<r_2<\cdots\cdots$ と上昇していくことがわかる．(8.4) より，生産量 X は資本量 K に比例するから，生産量 X も雇用量 ℓX も，g と同じ率で増大していく．

実質賃金率はどうか．(8.7) のように，実質賃金率は利潤率と逆行関係にある．

$$r_t = \frac{X_t - aX_t - RN_t}{K_t} = \frac{1-a-R_t\ell}{a} \equiv r(R), \quad r'<0. \tag{8.11}$$

したがって，生産技術 (a, ℓ) を一定とすると，実質賃金率は $R_1>R_2>\cdots\cdots$ と減少していくことがわかる．実質賃金率は減少するが，雇用は増大していく．また，純生産に占める消費需要の割合は低下していく[3]．

下方への累積運動ではこれと逆に，資本蓄積率は低下していく．利潤率，生産量，雇用量もすべて減少していく．実質賃金率は上昇するが，雇用は減少していく．

こうした，均衡経路から上方への不均衡累積過程は，景気循環の好況局面を表している．逆に，下方への不均衡累積過程は，不況局面を表している．

以上のように，現実の経済が順調な拡大再生産経路に沿って進行しつづけることはきわめて難しく，ひとたび乖離してしまえば，その不均衡は累積していくことになる．順調な拡大再生産経路は不安定であり，好況や不況の局面が現れ，それは累積していく性質をもっている．

---

3) (8.4) から $I_t = a(X_{t+1} - X_t) = ag_t X_t$ となるが，g が増大するので，$\frac{I_t}{X_t}$ は増大し，逆に消費の割合は低下していく．

4．景気循環の必然性

　上方への累積過程は，利潤率，生産量，雇用量が増大し，何の問題も生じない幸せな状況のように思えるが，そうではない．そこでは生産能力の不足，超過需要の継続という不均衡が累積している．仮にその経路が中断されることなく続いたとしても，失業者が吸収されると労働不足になり，それ以上の上方運動は止まる．

　下方への累積運動においては，生産能力の過剰，需要不足という逆方向の不均衡が累積しており，利潤率は低下し，生産や雇用も減少していく．この下方への運動が中断されることなく続いたとすると，やがて利潤率は極限まで下がり，多くの労働者が雇用を失う．

　このように，上方への累積過程も，下方への累積過程も，ともに不均衡であり，いかに強い累積運動であったとしても，それはやがて反転せざるをえない．こうして資本主義経済の運動は，上方への累積運動→景気反転→下方への累積運動→景気反転という景気循環を生じることになる[4]．

　実際の景気循環では，他にも様々な要因によって景気の反転が生じうる．たとえば，上方への累積過程では，利子率の上昇，原材料資源の枯渇など，景気上昇を妨げる要因が生じる．政府は景気の過熱を抑えるために，緊縮的な財政・金融政策をとるかもしれない．その結果，上方運動は労働不足の壁にぶつかる前に反転して，下方への運動に入る可能性がある．

　下方への累積運動も，利子率の低下，資源制約の緩和などによって，景気回復の可能性が生まれ，反転・上昇に向かうかもしれない．さらに政府は不況対策として，積極的な財政・金融政策を実施し，それによって景気回復がなされるかもしれない．

　あるいは，上方への累積過程で投資が一巡し，それを契機に反転する可能性もある．下方への累積過程では，資本家は厳しい局面だからこそ新技術を

---

[4] この景気循環過程の説明は，置塩信雄『蓄積論』第2版（筑摩書房，1976年）による．

図表 8-4 景気循環と経済成長

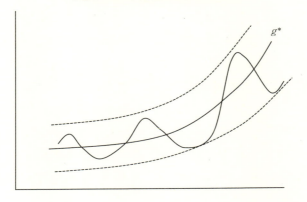

体化したイノベーションに踏み切り，新投資を増やす可能性もある．それを契機に投資需要の回復が生じて，景気が反転するかもしれない．

しかし，仮にこのような要因が働かないとしても，最終的には，労働供給の制約や，失業の極端な増大にぶつかることは避けられない．このことは，資本主義経済が存続しようとするかぎり，累積運動は反転しなければならないことを示している．資本主義経済において，景気循環は必然的なのである．

現実の資本主義経済は，**図表 8-4** のように上昇と下落をくり返しながら拡大していくが，順調な拡大再生産経路は，この循環運動の長期・平均的な機軸としての役割を果たしている．資本主義は循環運動という形態でしか存続できないのである．

5．技術進歩の重要性

経済変動の長期・平均的な機軸となる順調な成長率 g^* は，どのようなものであってもよいのだろうか．順調な拡大再生産経路の成長率は，

$$g^* = sr \tag{8.12}$$

であるから，資本家の貯蓄率や利潤率の大きさによって，様々な均衡成長率がありうる．この均衡成長軌道では，生産能力の正常稼働と生産物の需給一致が常に満たされており，資本家にとってきわめて調和的である．しかし，この経路は持続性をもつのだろうか．

この経路上では，労働需要 lX も g^* の率で増加している．労働供給の増加率が n だとしよう．$g^*>n$ であれば，当初失業が存在していても，いずれ労働需要をまかなえない状態になってしまい，それ以降は g^* の率では成長できない．逆に $g^*<n$ であれば，失業が累積的に増加することになってしまう．いずれにしろ，$g^*\neq n$ であれば，順調な拡大再生産は，労働市場の事情から持続できない．

経済が存続するためには，$g^*=n$ でなければならない．$g^*=n$ であれば，失業率は累増することもなく，低下して労働不足に陥ることもなく，長期・平均的に失業率が一定の状態が続くことになる．このときには，経済の順調な進行を妨げるような事態は生じない．

こうして，①生産能力の正常稼働，②生産物の需給一致，③失業率一定，の3条件を満たしつづける経路のみが，長期的な持続性をもつ．この成長経路を**均衡蓄積軌道**と呼ぶ[5]．

こうして，長期・平均的に実現される経路では，$g^*=n$ が成立しなければならない．もし人口成長率が低い場合はどうか．あるいは人口が減少していく経済においてはどうか．$g^*=sr$ より，そのときの利潤率は $\frac{n}{s}$ という，低い，あるいは負の値となってしまう．成長率は労働供給増加率に制約され，利潤率はきわめて低い水準に落ち込んでしまう．

この制約を打破するためには，労働を節約するような新技術が必要になる．労働生産性を高める技術進歩率を a （アルファ）とすれば，均衡蓄積軌道の成長率は $g^*=n+a$ となり，人口成長率の制約を超えて高い成長率を維持で

5） 完全雇用ではなく「失業率一定」とした理由は以下である．現実の成長経路は，均衡成長経路を軸として，その上下に循環運動をおこなう．均衡成長経路が完全雇用とすれば，上方への運動を説明できなくなってしまう．

きる．資本主義経済は本質的に，継続的な技術進歩に依存している．特に，人口減少社会においてはそうである．

とはいえ，技術進歩は，どのようなタイプでもよいわけではない．たとえば，カール・マルクスは，新技術が資本の有機的構成を高めると考えた．このような場合，利潤率は低下していく（コラムを参照）．逆にいえば，資本主義経済が存続するためには，有機的構成を高めない，労働生産性を上昇させるタイプの技術進歩（ハロッド中立型技術進歩）の継続的な導入が不可欠となる．

【キーワード】
　単純再生産と拡大再生産，順調な拡大再生産，均衡成長率，成長経路の不安定性，景気循環

【議論してみよう】
1．図表 8-2 の拡大再生産経路の第 4 期の数値を書き入れてみよう．
2．1955 年以降の日本の経済成長率の推移を図表に表して，その特徴を，景気循環と経済成長の両面から整理してみよう．
3．成長経路が不安定な性格をもつのはなぜか．その根本原因は何かを考えてみよう．

【参考文献】
置塩信雄『蓄積論』第 2 版（筑摩書房，1976 年）．
浅田統一郎『成長と循環のマクロ動学』（日本経済評論社，1997 年）．
C. I. ジョーンズ『経済成長理論入門』（日本経済評論社，1999 年）．
R. F. ハロッド『動態経済学序説』（有斐閣，1953 年）．
ミハウ・カレツキ『経済変動の理論』（新評論，1958 年）．

数学注　2部門経済における順調な拡大再生産経路

　生産財と消費財の2部門経済において，単純再生産と拡大再生産の条件を導出しておこう．2つの部門の売上額は中間投入，賃金，利潤に配分されるから，

$$\text{生産財：}\quad p_1 X_1 = a_1 X_1 p_1 + \ell_1 X_1 w + X_1 \pi_1 \tag{8.13}$$

$$\text{消費財：}\quad p_2 X_2 = a_2 X_2 p_1 + \ell_2 X_2 w + X_2 \pi_2 \tag{8.14}$$

　ここで，p_1 は生産財価格，p_2 は消費財価格，w は貨幣賃金率，π_1，π_2 はそれぞれ生産財部門，消費財部門の生産物1単位あたりの利潤である．

(1) 単純再生産

　単純再生産を想定すると，生産財に対する需要は両部門からの補填需要のみになるので，生産財の需給一致式は，

$$\text{生産財の需給一致：}\quad p_1 X_1 = a_1 X_1 p_1 + a_2 X_2 p_1 \tag{8.15}$$

　単純再生産のもとでは，資本家は投資をおこなわずに利潤をすべて消費する．労働者も賃金をすべて消費財購入に費やす．したがって消費財の需給一致式は，

$$\text{消費財の需給一致：}\quad p_2 X_2 = \ell_1 X_1 w + \ell_2 X_2 w + X_1 \pi_1 + X_2 \pi_2 \tag{8.16}$$

　(8.15) (8.16) をそれぞれ生産財価格，消費財価格で割ると，

$$\text{生産財の需給一致：}\quad X_1 = a_1 X_1 + a_2 X_2 \tag{8.17}$$

$$\text{消費財の需給一致：}\quad X_2 = \frac{w}{p_2}(\ell_1 X_1 + \ell_2 X_2) + X_1 \frac{\pi_1}{p_2} + X_2 \frac{\pi_2}{p_2} \tag{8.18}$$

(8.17) から，生産財部門と消費財部門の比率（部門比率）は次のようになる．

$$\text{単純再生産条件：} \quad \frac{X_1}{X_2} = \frac{a_2}{1-a_1} \tag{8.19}$$

(8.15)(8.16) を用いれば，(8.18) からも同様に (8.19) を導ける．

(2) 順調な拡大再生産の条件

拡大再生産の場合は，資本家は利潤をすべて消費するのではなく，一部を投資に振り向ける．実質賃金率を R とすると，両部門の需給一致条件は，

$$\text{生産財の需給一致：} \quad X_1 = a_1 X_1 + a_2 X_2 + I_1 + I_2 \tag{8.20}$$
$$\text{消費財の需給一致：} \quad X_2 = R(\ell_1 X_1 + \ell_2 X_2) + C_1 + C_2 \tag{8.21}$$

となる．ここで，I_1 は生産財部門の投資，I_2 は消費財部門の投資，C_1 は生産財部門の資本家による消費需要，C_2 は消費財部門の資本家による消費需要である．生産技術，実質賃金率，資本家消費，投資需要は与えられているとして，上の X_1，X_2 に関する連立方程式から，生産財および消費財の生産量を求めると，

$$X_1 = \frac{(1-R\ell_2)(I_1+I_2) + a_2(C_1+C_2)}{(1-a_1)(1-R\ell_2) - a_2 R\ell_1} \tag{8.22}$$

$$X_2 = \frac{R\ell_1(I_1+I_2) + (1-a_1)(C_1+C_2)}{(1-a_1)(1-R\ell_2) - a_2 R\ell_1} \tag{8.23}$$

したがって，部門比率は次のように導かれる．

$$\frac{X_1}{X_2} = \frac{(1-R\ell_2)\mu + a_2}{R\ell_1 \mu + (1-a_1)} = \lambda. \quad \text{ここで，} \quad \mu = \frac{I_1+I_2}{C_1+C_2}. \tag{8.24}$$

両部門で生産能力が正常に稼働し，需給が一致して，拡大再生産がおこな

われるためには，部門の比率は（8.24）を満たさなければならない．この比率 λ（ラムダ）は，両部門の生産技術，実質賃金率，そして投資需要の消費需要に対する比率 μ（ミュー）に規定されている．

次に，部門比率が（8.24）を満たしたとして，投資が生産能力を増大させることを考慮して拡大再生産経路を考える．生産技術 (a_1, ℓ_1) (a_2, ℓ_2)，実質賃金率 R，消費と投資の比率 μ はすべて一定値をとると仮定する．

投資が生産能力を増やすことは，

$$I_1^t = a_1(X_1^{t+1} - X_1^t) \tag{8.25}$$

$$I_2^t = a_2(X_2^{t+1} - X_2^t) \tag{8.26}$$

と書ける．これを生産財部門の需給一致式（8.20）に代入すると，

$$X_1^t = a_1 X_1^{t+1} + a_2 X_2^{t+1} \tag{8.27}$$

（8.24）の部門比率 λ は一定なので，

$$X_1^t = a_1 X_1^{t+1} + a_2 \frac{1}{\lambda} X_1^{t+1} = \left(a_1 + \frac{1}{\lambda} a_2\right) X_1^{t+1} \tag{8.28}$$

となるので，これから生産財の増加率 g が求められる．

$$g = \frac{X_1^{t+1} - X_1^t}{X_1^t} = \frac{\lambda(1-a_1) - a_2}{\lambda a_1 + a_2} \tag{8.29}$$

さらに λ の値（8.24）を代入して整理すれば，

$$g = \frac{(1-Rt_2)\mu(1-a_1)}{(1-R\ell_2)\mu a_1 + R\ell_1 \mu a_2 + a_2} \equiv g^* \tag{8.30}$$

を得る．生産財は一定率 g^* で増加していく．このとき，

$$X_2^t = \frac{1}{\lambda} X_1^t \tag{8.31}$$

$$K_1^t = a_1 X_1^t \tag{8.32}$$

---

* t_2 は消費財1単位を生産するのに直接および間接に必要な労働量を示している．$t_2 = \frac{a_2 \ell_1}{1-a_1} + \ell_2$（第2章を参照）．

$$K_2^{\,t} = a_2 X_2^{\,t} = a_2 \frac{1}{\lambda} X_1^{\,t} \tag{8.33}$$

となるので，消費財も両部門の生産設備も一定率 g^* で増加する．

さらに，

$$I_1^{\,t} = K_1^{\,t+1} - K_1^{\,t} = (1+g^*)K_1^{\,t} - K_1^{\,t} = g^* K_1^{\,t} \tag{8.34}$$

$$I_2^{\,t} = K_2^{\,t+1} - K_2^{\,t} = g^* K_2^{\,t} \tag{8.35}$$

$$C_1^{\,t} + C_2^{\,t} = \frac{1}{\mu}(I_1^{\,t} + I_2^{\,t}) = \frac{g^*}{\mu}(K_1^{\,t} + K_2^{\,t}) \tag{8.36}$$

という関係が成立するので，各部門の投資も，資本家消費の和も，一定率 g^* で増加する．

現実に起こりうる様々な不均衡を捨象して，経済が順調な拡大再生産経路に沿って進行すると想定しても，それが実現するためには，部門比率が特定の大きさをとり，毎期同一でなければならない．また，両部門の投資需要 I_1, I_2, 生産設備 K_1, K_2, 生産水準 X_1, X_2 も同じ率 (g^*) で増加しなければならないし，両部門の資本家消費の和 $C_1 + C_2$ も同じ率で増加しなければならない．これは厳しい条件であり，もしこの条件から外れた場合には，上方あるいは下方への不均衡累積運動が生じることになる．

コラム：利潤率の傾向的低下法則

マルクスは，利潤率は傾向的に低下していくと考えた．その根拠は，資本間の競争によって，資本の有機的構成が上昇していくことであった．マルクスの定義による利潤率は，次のように書ける．

$$r = \frac{M}{C+V} = \frac{\frac{M}{V}}{1+\frac{C}{V}}$$

M, C, V はそれぞれ，剰余生産物，資本財，賃金財を投下労働量で評価したものである（剰余価値，不変資本，可変資本という）．この式から，剰余価値率 $\left(\frac{M}{V}\right)$ が一定であれば，資本の有機的構成 $\left(\frac{C}{V}\right)$ が上昇するにしたがって，利潤率 r は低下していくことになる．しかし，剰余価値率が十分に上昇すれば利潤率は低下するとは限らない，という論争が起こった．

ところで資本の有機的構成は，

$$\frac{C}{V} = \frac{C}{V+M}\frac{V+M}{V} = \frac{C}{N}\left(1+\frac{M}{V}\right), \quad N は生きた労働 (N=V+M)$$

と書けるから，資本の技術的構成 $\left(\frac{C}{N}\right)$ と剰余価値率に依存する．マルクスは，資本の構成が資本の技術的構成によって規定され，その変化を反映する限りで資本の有機的構成と呼んだ．そこで，資本の技術的構成を「生産の有機的構成」と呼ぶことにすると，

$$r = \frac{M}{C+V} < \frac{M+V}{C} = \frac{N}{C} : 生産の有機的構成の逆数$$

となる．この式で $\frac{M+V}{C}$ は，賃金部分 V がすべて剰余価値として利潤に加わった場合の利潤率であり，つまり利潤率の上限である．生産の有機的構成が上昇していくと，利潤率の上限が低下し，長期的には利潤率は低下していく．したがって，生産の有機的構成が上昇していけば，剰余価値率がいかに上昇しても，利潤率は低下することがわかる．

第9章

財政・金融政策

　第5章で見たように，市場の欠陥を補い資本主義経済が再生産されるために，国家の財政政策，金融政策が役割を果たしている．しかし近年，政府の債務残高の増大にともなう財政の硬直化によって，財政政策は景気対策に積極的な役割を果たすことができなくなった．それにかわって，金融政策の役割が重視されるようになったが，長期間，低金利政策を継続したにも関わらず，市中銀行や民間の企業，家計の資金需要は盛り上がらない．財政政策，金融政策の有効性が弱まってきたのである．中央銀行は次々に新しい政策を導入するようになるが，先進諸国がそろって超金融緩和策を採用する中で，一国の金融政策の独立性も制約され，世界中に過剰なマネーがあふれて，実体経済に悪影響を及ぼす危険性も出てきた．本章では，財政政策，金融政策の内容とその変化を考えることにしよう．

1．財政政策の機能

　財政政策には，①資源配分の調整，②所得の再分配，③景気の安定化という3つの主要な機能がある．以下で，順に見ていこう．

資源配分の調整

　市場メカニズムが有効に機能せず，最適な資源配分ができない場合に，国家による経済介入が必要になる．

　たとえば，社会保障や教育の分野，外交や警察，消防などの治安維持，また道路や港湾などの産業基盤の育成は，民間の市場にゆだねるのでは適切に対応できないが，社会にとって不可欠な分野である．これらは**公共財**と呼ばれる．これは，対価を支払った人のみに商品として提供する商品経済には馴染みにくい経済活動である．

　さらに，大気汚染や水質汚濁など，企業の私的活動が有害物質を排出して深刻な環境問題を引き起こすケースがある．これは**外部不経済**と呼ばれ，国家による規制や介入が必要になる．

　このように，市場経済の欠陥を補い，必要な調整を国家がおこなうことは，資本主義国，社会主義国を問わず，多くの国で必要になる．しかし，国家がどのような分野でどの程度の調整をおこなうかは，国によって異なっている．**図表9-1**は，日本の歳出の推移を示したものである．

　戦後の国家財政の支出構成を見ると，社会保障支出と国債費の割合が傾向的に上昇している．これは1990年以降急速に進んでおり，日本の人口減少と高齢化，それにともなう財政需要の増大を反映している．この傾向は今後さらに進むと思われる．

　社会保障支出は国によって異なる．**図表9-2**を見ると，フランス，スウェーデン，ドイツなどヨーロッパ諸国の社会保障給付は高いが，アメリカや日本などは比較的低い．アメリカでは公的な医療保険制度が不十分で，貧困層の多くは民間の保険にも加入できない，あるいは十分な質の医療サービスを受けられないという問題がある．国がどの程度を公的に対応するか，どの程度を民間の私的な対応にゆだねるかは，国民の重要な選択である．

　図表9-3は，教育費の公費・私費負担割合である．高等教育の場合，OECD平均では高等教育費の70%が公費，30%が私費でまかなわれている

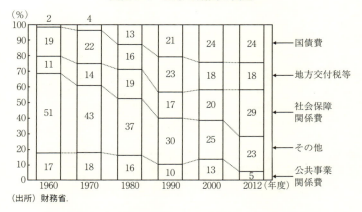

図表 9-1　日本の歳出の変遷

(出所) 財務省.

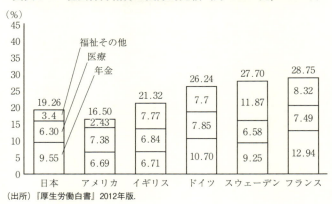

図表 9-2　社会保障給付の国際的比較（対GDP比，2007年）

(出所)『厚生労働白書』2012年版.

が，日本の場合，公費は35％に対し私費65％となっており，アメリカ，イギリスとともに私費負担の割合が高い．

　ほとんどの国では，初等中等教育は公費負担が大部分を占めているが，就学前教育と高等教育は私費負担が高いのが特徴となっている．教育費が本人や家庭に依存すると，受けられる教育機会は家計支持者（親など）の所得や教育観に大きく左右される．これを放置すると，低所得家計の子弟は能力を十分に発揮する機会に恵まれず，教育格差が拡大する恐れがある．この意味

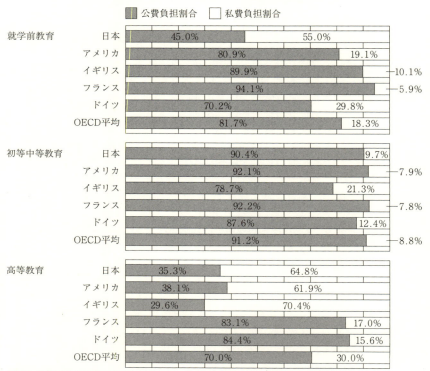

図表 9-3　教育費の公費・私費負担割合

(原注)『図表で見る教育 (2012)』(OECD) に基づき作成.
(出所) 文部科学省.

で，公教育の充実が各国で課題となっている．

図表 9-4 は，軍事費が GDP に占める割合である．アメリカの軍事費は突出しており，中国がそれに続いている．日本の場合，軍事支出額はアメリカの10分の1以下であるが，順位としては世界第8位である．GDPに占める割合が最も高いのはサウジアラビアで，イスラエルやアラブ首長国連邦なども高く，中東情勢を反映していると考えられる．

アメリカの軍事費は突出しているが，GDPに占める割合はそれほど高くない．日本の軍事支出の対GDP比は1％であり，他国に比べて特に高いというわけではない．しかし，平和憲法の制約のもとで，また社会保障や教育

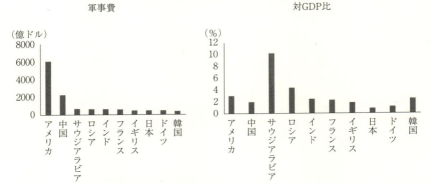

図表 9-4　軍事費とその対 GDP 比

(出所) ストックホルム国際平和研究所 (SIPRI), 2017年.

への支出を抑制しながら1％を維持しているという意味では，むしろ軍事を重視しているという見方もできる．

所得の再分配

　家計の間で大きな所得格差が生じた場合に，国家が介入して，税や社会保障を通じた**所得再分配**によって，格差を是正することが求められる．税による所得再分配としては，高所得者の所得税率を高く，逆に，低所得者の所得税は軽減する累進課税制度がある．社会保障による所得再分配には，生活保護や雇用保険，年金などがある．

　第5章で説明したように，消費税は所得の大きさに関係なく一定の税率（2020年時点では一部を除き10％）が課税されるので，低所得者の負担が相対的に重い，逆進性をもった税制である．それゆえ，所得の再分配に逆行する税制であり，生活必需品の税率を低くするなどの配慮をする国もある．

　資本主義国の性格は，国民負担率（**図表9-5**）という指標を見ればわかりやすい．国民負担率とは，租税負担額と社会保障負担額の合計を国民所得で割ったものである．一般に，スウェーデンなど北欧諸国は国民負担率が高く，

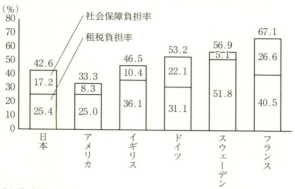

図表9-5 国民負担率の国際比較（2015年）

（出所）財務省．

福祉も充実した高福祉高負担の国（大きな政府）である．これに対して，アメリカやイギリスの国民負担率は低く，医療についても自己責任の国（小さな政府）である．日本では，国民皆保険，高額療養費制度が導入されており，受ける医療の質は，健康保険の範囲内であれば，所得による差がほとんど見られない．一方，アメリカでは，所得や加入している保険により，受けられる医療の質も変わってくる．

格差は個人間のみならず，地域間にも存在する．日本では，地域間の格差を是正するために，地方交付税交付金という制度がある．**図表9-6**は道府

1）2015年以降の所得税

課税される所得金額	税率
195万円以下	5％
195万円を超え　330万円以下	10％
330万円を超え　695万円以下	20％
695万円を超え　900万円以下	23％
900万円を超え1,800万円以下	33％
1,800万円を超え4,000万円以下	40％
4,000万円超	45％

（出所）国税庁ウェブサイト．

図表9-6 都道府県別地方交付税交付総額（2016年度，単位：億円）

上位10区分			下位10区分		
1	北海道	6,600	38	福井県	1,299
2	岩手県	3,103	39	石川県	1,295
3	兵庫県	3,101	40	山梨県	1,285
4	熊本県	2,893	41	群馬県	1,270
5	福岡県	2,821	42	栃木県	1,230
6	大阪府	2,774	43	滋賀県	1,174
7	鹿児島県	2,745	44	香川県	1,116
8	福島県	2,729	45	神奈川県	1,050
9	新潟県	2,688	46	愛知県	844
10	宮城県	2,366	47	東京都	0
			合　計		90,666

（出所）総務省．

県別の交付金の上位，下位各10地域を示したものである．大企業や工場が立地する自治体は多くの地方税収入があり，交付金の配分なしでも優良な公共サービスを住民に提供できるが，過疎化の進む地域では，税収のみでは基本的な財政需要を満たすことができない．都道府県では，東京都は唯一，交付税の配分のない自治体である．

景気の安定化

政府は不況期に財政支出を増やし，好況期には財政支出を抑制することで，景気の大きな変動を緩和する役割がある．これを**総需要管理政策**という．

財政支出は，直接的に需要を創出するものであり，政府支出額を上回る乗数倍の効果がある．第7章で生産水準の決定について学んだが，さらに政府支出 G を考慮して財市場の需給均衡式を書くと，

$$Y = c_0 + c_1 Y + \bar{I} + G \tag{9.1}$$

となる．それゆえ，政府支出が ΔG 変化すれば，均衡所得の変化分 ΔY は，

$$\Delta Y = \frac{1}{1-c_1}\Delta G$$

となる．これは**政府支出乗数**と呼ばれている．たとえば限界消費性向 c_1 が 0.8 だとすると，1 億円の財政支出は 5 億円の所得増大をもたらす．また，減税は所得を増加させ，増税は所得を減少させる．財政支出額と同額の税を徴収する均衡予算の場合には，乗数は 1 となる（**均衡予算乗数**[2]）．

累進課税制度は，所得の減少する不況期には所得税が下がり，逆に所得が増加する好況期には所得税が上がって，経済変動を緩和する働きがある．このような機能は，**ビルトイン・スタビライザー**（景気の自動安定化装置）と呼ばれている．

このような総需要管理政策に対しては，批判的な考えもある．市場メカニズムを重視する新古典派は，財政支出の拡大や公企業の拡大は，民間の自由な経済活動を阻害し，民間設備投資を抑制し，結局は景気を刺激することにならないと考えている．1970 年代のスタグフレーション（インフレーション下の経済停滞）の発生によって，ケインズ的な総需要管理政策に対する批判が高まり，新古典派や「新しい古典派」の経済学が台頭することになった．彼らは，国家による経済介入をできるだけ小さくして（小さな政府），民間活力を刺激することをめざした．イギリスのサッチャリズム（M. サッチャー首相），アメリカのレーガノミクス（R. レーガン大統領），日本の行政改革（中曽根康弘首相）など，主要資本主義国で新古典派的政策の流れが強まった．

---

2) 租税額を T とすると，(9.1) は，
 $Y = c_0 + c_1(Y-T) + \bar{I} + G$
 となる．均衡財政 $\Delta G = \Delta T$ を仮定すると，$\Delta Y = \Delta G$ となる．

2. 日本の国債累積問題

国債残高の累積

　景気対策としての政府の需要注入は，直接的に有効な政策であるが，それが持続できるには，財政支出に誘発されて民間の設備投資や消費需要が拡大する必要がある．民間部門への需要誘発がなければ，さらに財政による需要注入を継続せざるをえなくなり，財政負担は大きくなる．

　財政需要は，高齢化による社会保障費の増大によっても増えていった．1990年代以降の景気の長期低迷によって，税収は伸び悩み，歳出が歳入を大きく上回る赤字財政が続き，**国債累積問題**が大きな問題となる．

　国債（普通国債）には，建設国債と特例国債（いわゆる赤字国債）がある．**建設国債**は，社会的インフラ（鉄道，道路など）の整備など，公共事業を主たる使途として発行されるものである．鉄道や道路などのインフラは，将来世代もその恩恵を受けることから，その負担を将来世代にも求める合理性があるとされている．これに対して，**特例国債**は，建設国債を発行しても歳入不足が見込まれるときに，特別の法律により発行され，公共事業費等以外の歳出にあてられる．景気の長期低迷により，特例国債の発行が増加している．

　図表9-7は，国債残高・GDP比の国際比較である．日本は2010年に債務危機に陥ったギリシャと比較しても，きわめて高い水準にあることがわかる．日本国債の格付けは，G7（先進7カ国）の中でイタリアに次ぐ低さである．

財政健全化

　このような国債残高の累積は，将来世代の負担の増加になるので，消費税の増税などによる**財政健全化**が必要だとの主張がある．このような主張に対して，日本の国債は主として国内で消化されているので，問題はそれほど大きくないとの反論もある．

図表 9-7 国債残高・GDP 比の国際比較

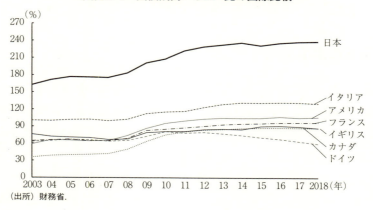

(出所) 財務省.

　国債が自国民ではなく外国によって保有されていれば，その元利償還は自国民の負担によって外国に所得移転することになる．ほとんどの国債が国内で保有されている日本の場合，このような問題は生じない．実際，膨大な国債の累積残高にもかかわらず，円は比較的安全な資産であると考えられており，ギリシャのような経済の混乱は発生していない．

　この問題を考える際に留意すべきことは，国債残高の増大は，国債保有者が受ける将来の元利償還が，将来の世代全体が負担する租税によってまかなわれるということである．現在世代と将来世代の間の所得移転ではなく，将来の国債保有者と非保有者との間の所得移転が生じるということである．

　2020年3月時点で，日本の国債の約2分の1は日本銀行が保有している．自国の国債を自国の中央銀行が直接引き受けることは，**財政ファイナンス**と呼ばれ，先進諸国や日本でも原則として禁止されている（財政法第5条）．財政ファイナンスは政府の財政規律を失わせるとともに，通貨増発によるハイパー・インフレーションを招く危険があるからである．後述する異次元金融緩和により，2013年以降，日本銀行は市中消化された（市中銀行などがいったん購入した）長期国債を大量に購入している．これは事実上の財政ファイナンスであるとの批判もあるが，景気回復を優先するリフレ派の経済学者は，

国債の日銀引き受けを積極的に肯定している．

財政の硬直化

しかし，膨大な国債残高の累積は，決して楽観できる状況ではない．利払いと償還のための国債費の増大は，景気刺激などの財政政策の役割を縮小させざるをえなくしている．これは**財政の硬直化**と呼ばれている．

日本銀行はデフレーションからの脱却をめざし，超金融緩和政策を継続して大量の国債を購入している．それにもかかわらず，景気低迷・デフレからの脱却は道半ばである．大量のマネーが国内外にあふれており，原油や穀物価格の高騰，金の価格上昇などが頻発している．中国などでは不動産価格の高騰も生じている．

1980年代後半の日本のバブル経済や，2008年のアメリカのサブプライム危機が示しているように，資産価格の高騰が景気拡大によるものなのか，バブル経済なのかの識別は困難であるが，超金融緩和は常にバブル経済のリスクを抱えていることに注意しなければならない．

3．金融政策の機能

金融政策の主たる目的は，物価の安定，通貨価値の安定である．その目的を達成する標準的な政策手段は，①公定歩合操作，②預金準備率操作，③公開市場操作の3つである．

公定歩合というのは，中央銀行が市中銀行に資金を貸し付ける際の基準貸付金利，あるいは基準割引率のことであり，この操作を通じて市中銀行の資金調達を調節する手法である．

預金準備率操作は，金融機関が中央銀行に預金や金融債を一定期間無利子で預けなければならない準備金を増減することで，金融を引き締める，ある

いは金融緩和をおこなう政策手段である．

公開市場操作は，民間の一般企業や個人，金融機関が参加する公開の債券市場において，中央銀行が国債などの債券を購入して貨幣供給量を増大させる，あるいは逆に，保有する債券を販売して民間部門から貨幣を引き上げることで，金融調整をおこなう政策手段である．

伝統的金融政策

上記の①公定歩合操作，②預金準備率操作，③公開市場操作の3つを用いた景気の調整は，伝統的金融政策と呼ばれている．これは，日本が敗戦復興から高度成長に至る数十年間の金融政策で大きな役割を果たした．

戦後復興経済では，重化学工業等を重点的に発展させる傾斜生産方式が採用されたが，これを金融面から支えるため，三井，三菱，住友など旧財閥系の6大企業集団の中に巨大都市銀行（メインバンク）が配置され，中央銀行はこの都市銀行を通じて資金を供給した．企業集団は潤沢な資金を得て互いに競い合いながら設備投資をおこない，日本経済の高度成長を支えた．戦後日本の資金不足の中で，中央銀行とメインバンクの結びつきを通じた資金供給は，旺盛な設備投資行動を支え，また過度な景気過熱を資金的に抑制するうえでも有効であった．

しかし，日本経済の復興と経済成長にともない，民間企業や巨大都市銀行は次第に資金力を強めていく．また，家計の所得や貯蓄が増え，債券市場や株式市場に参入するにつれ，民間企業が金融機関を通じることなしに直接に債券市場で資金を獲得するルートも整備されてきた．さらに，国外の金融市場への規制緩和によって，国際的な資本市場からの資金調達も容易になった．

こうして，公定歩合と窓口指導による金融操作は次第に有効性を失い，金融政策の手段は公開市場操作へと移っていく．金利政策の目標となる政策金利も，公定歩合から，金融機関間の短期資金の貸借金利であるコール・レートに変更された．国債などの優良な担保があれば，日銀は公定歩合（現在，

「基準貸付利率」と名称を変更）で貸出をおこなうが，基準貸付利率はコール・レートの上限という役回りになっている．預金準備率操作も，日本では市中銀行が法定準備を上回る超過準備を保有していることから，事実上有効性は高くない．

これに対して公開市場操作は，①中央銀行の主体性を発揮しやすい，②伸縮性に富む，③政策変更が容易である，④政策実施が迅速であるといった特徴をもち，現在および将来における主要な政策手段と考えられている．

非伝統的金融政策

1980年代以降の高度成長の終焉によって，低成長と税収減，財政の硬直化が徐々に深刻になっていった．経済のかじ取りも金融政策に依存せざるをえなくなる．

しかし，金融政策も万全というわけではない．伝統的な金融政策は，経済が流動性の罠に陥っている場合には，有効性を失うことが知られている．**流動性の罠**とは，利子率が十分低くなると貨幣需要の利子弾力性が非常に大きくなる状況をいう．つまり，中央銀行が金融緩和をおこなったとしても，その貨幣は中央銀行預け金や市中銀行に滞留してしまい，企業や民間家計への貸付に向かわない状態である．

バブル経済崩壊後の日本経済は，流動性の罠に陥っていたという見方もある．利子率が低下しても，そもそも企業は設備投資に意欲がなく，資金需要が増えないような状況であれば，金融緩和政策の効果はやはり限られたものとなる．このような状況は，弾力性ペシミズムと呼ばれている．

金融政策に限界が現れる中で，様々な試みがなされてきた．以下，簡単にスケッチしておこう．

低金利とゼロ金利政策 1985年のプラザ合意後に生じた円高不況に対して，内需拡大を進めるため，日本銀行は当時としてはきわめて低い2.5％まで公定歩合を引き下げた．その後，日本経済は株価や地価が高騰するバブル

経済に突入するが，これは投機的なものであった．1990年代のバブル崩壊によって，経済は長期低迷に入る．日本銀行は公定歩合を引き下げていっそうの金融緩和を進めるが，容易に景気回復は実現しなかった．

そこで日本銀行は，これまで例のない金融政策であるゼロ金利政策を採用する．ゼロ金利政策とは，政策金利であるコール・レートを実質ゼロに誘導する金融政策である．それでもなお景気は回復せず，デフレ状態が継続した．

量的緩和政策　政策金利をゼロに誘導したにもかかわらず，景気低迷から脱却できず，さらに強い景気刺激策が金融当局に求められる．政策金利はすでにゼロであるため，さらなる金融緩和をおこなうために量的緩和政策が採用される（2001年3月）．

量的緩和政策とは，日銀預け金（準備金）をターゲットにした金融政策である．日本銀行が国債などを買い入れることによって，当初5兆円程度であった日銀預け金の目標残高は35兆円まで引き上げられた．

それでも景気の回復，デフレからの脱却は達成できなかった．しかし，ゼロ金利政策や量的緩和政策は，その当時高まっていた金融不安を心理的に抑止し，為替レートを減価させることで貿易を刺激する効果はあったと考えられる．

インフレ・ターゲットとマイナス金利　インフレ・ターゲットは，インフレ率に目標となる下限あるいは上限を設定して，それを達成するまで金融緩和あるいは金融縮小を継続する政策である．実質利子率と名目利子率の間には，

　　　　実質利子率＝名目利子率－予想インフレ率

という関係がある（フィッシャー方程式）．名目利子率はゼロ金利政策によってきわめて低い水準まで引き下げられた．企業や家計が資金需要をおこなう場合，名目利子率ではなく**実質利子率**が重要である．たとえば，企業が金利3％で融資を受けても，販売する商品の価格が5％で上昇すると予想すれば，安い融資である．家計も同様で，3％の住宅貸付融資も，住宅価格が今後

3％以上で上昇すると予想すれば，借り入れが有利である．

インフレ・ターゲットは，予想インフレ率を引き上げることによって，名目利子率が下がらなくても実質利子率を下げることをめざす政策である[3]．しかし，2013年に導入された2％の物価目標は，超金融緩和にもかかわらず達成できなかった．

そこで，さらなる金融緩和政策として，2016年1月にはマイナス金利政策が導入される．マイナス金利政策とは，ある水準を超えた日銀預け金に対して，マイナス金利を付与するというものである．つまり，市中銀行が日銀預け金に対して一定の手数料を支払わなければならないようにして，市中銀行に民間貸付を促そうとする政策である．

マイナス金利政策の導入は，住宅ローン金利などの低下をもたらし，一定の需要効果はあったが，企業の資金需要は拡大していない．また，マイナス金利によって市中銀行の貸付金利も下げざるをえず，金融機関収益の圧迫が生じている．

【キーワード】
　財政の機能，財政の硬直化，非伝統的金融政策，ゼロ金利政策，インフレ・ターゲット

【議論してみよう】
1. 日本の国債累積残高は，きわめて高い水準にある．それにもかかわらず日本円が比較的安全な資産であると考えられている理由を議論してみよう．
2. 金融政策の手段としてどのようなものがあるか，整理してみよう．
3. 日本においてインフレ・ターゲットの導入が，期待された目標を達成できなかった理由を議論してみよう．

3）インフレ・ターゲットは1990年にニュージーランドで導入され，おおむね成功した．その後，イギリス，カナダでも採用された．ニュージーランドのインフレ・ターゲットはインフレ率を抑制するために導入されたのに対して，日本ではインフレ率を引き上げるために導入された．

【参考文献】

中谷武・中村保編著『1からの経済学』（硝学舎，2010年）．

土居丈朗『入門 財政学』（日本評論社，2017年）．

家森信善『金融論』（中央経済社，2016年）．

藤原賢哉・家森信善『金融論入門』（中央経済社，2002年）．

コラム：サブプライム危機

　2007年末から2009年にかけて，世界経済は100年に一度ともいわれる金融危機に陥った．そのきっかけとなったのがサブプライム問題である．

　信用力の低い借り手（サブプライム層）への債権を，優良な借り手への債権と組み合わせることによって，新たな金融商品をつくり（証券化），それが大量に販売されていた．ところが，アメリカの住宅価格の暴落により，それらの証券化商品が不良債権化し，価値を失った．証券化商品を大量に購入していた欧米の金融機関を中心に経営危機が広がり，2008年にはアメリカの大手投資銀行リーマン・ブラザーズが経営破綻した（リーマン・ショック）．日本の金融機関は，それらの証券化商品を大量に購入していたわけではなかったが，世界経済低迷の影響を受け，日本経済も深刻な不況に陥った．

　この世界的な金融危機は，アメリカ発の危機であったことが重要な意味をもっている．それ以前にも，日本のバブル経済やアジアの通貨危機など，金融的な要因による経済の不安定性が頻発していた．しかし，アメリカ経済は好況を維持しており，市場経済化を志向するアメリカ型の構造改革が世界各国で断行されることとなった．

　しかしながら今回は，主流派経済学の本山であるアメリカが金融危機の発火点となった．そのため，市場経済化一辺倒の経済政策から，ケインズ的な経済政策への回帰が見られる．また，貧困や格差拡大の顕在化などにより，マルクス経済学にも復権の兆しが見えている．ミンスキーの金融不安定性仮説などポスト・ケインズ派，ピケティの『21世紀の資本』など，不安定性や格差を分析する研究が注目されるようになった．

第10章

外国貿易と為替レート

　世界規模での社会的分業を背景とした外国貿易は，国民経済の規模や利潤にどのような意味をもつだろうか．この章では，外国貿易と国民経済の関係を導出し，外国貿易に影響を及ぼす諸要因を考える．また，異なる通貨の交換比率である為替レートがどのように決定されるかを明らかにする．

1．外国貿易と国民経済

世界規模での社会的分業

　商品経済を基礎づける社会的分業は，世界規模でおこなわれており，消費財・生産財は国際的に取引される．

　図表10-1は，1990年と2016年の，世界の主要地域間の貿易額を示したものである．たとえば1990年を見ると，日本の韓国からの輸入額は120億ドルで，韓国への輸出額は190億ドルであることが示されている．線の太さは，おおむね貿易額の大きさを反映しており，このかん世界的に貿易が拡大したことがわかる．

　特に，中国の貿易拡大は，1992年の改革開放政策の加速化，2001年のWTO（世界貿易機関）加盟を経て，中国が急速に世界的分業に組み込まれてきた過程の表れである．

図表10-1 世界の主要地域間貿易額（単位：10億ドル）

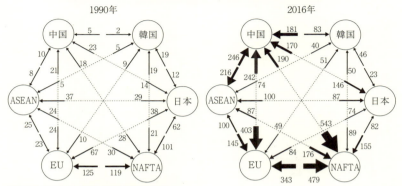

（出所）RIETI-TID 2016（経済産業研究所）．
（注）貿易額は，原則，輸入データ（運賃・保険料込み）で作成している．中国は香港を含む．
ASEAN はインドネシア，マレーシア，フィリピン，シンガポール，タイ，ブルネイ，カンボジア，EU はイギリスを含む28カ国．

　また，中間財のシェアは，東アジア地域（ASEAN＋日中韓）内貿易では1990年の55.3％から2016年の63.3％へと上昇した．世界全体では46.1％から48.5％への上昇であるから，東アジアにおける国際分業構造の急速な進展と緊密さが推測される．

　輸出額から輸入額を差し引いたのが貿易収支である．**図表10-2**を見ると，中国のような貿易黒字国もあれば，アメリカのような赤字国もある．GDP比率で見ると，ほとんどの国がマイナス20％からプラス20％の範囲にあるが（237カ国中206カ国），キリバス（−84.5％），リベリア（−78.9％）など，貿易赤字の GDP 比率が極端に高い国や，逆に，ルクセンブルク（35.1％），シンガポール（25.9％）などのように黒字比率が高い国もある．

貿易と利潤

　貿易を考慮すると，中間需要（補填需要）Z，投資需要（蓄積需要）I，労働者の消費需要 C_L，資本家の消費需要 C_K，および政府需要 G は，自国品のみならず輸入品にも向かうので，以下のように表すことができる．

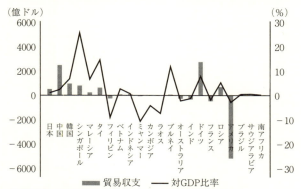

図表10-2 各国の貿易収支とそのGDP比率（2016年）

（出所）World Development Indicators（World Bank）.
（注）ここでの貿易収支には財およびサービスを含む．日本の国際収支表における貿易・サービス収支に該当する．

$$Z = Z^d + Z^f, I = I^d + I^f, C_L = C_L^d + C_L^f, C_K = C_K^d + C_K^f, G = G^d + G^f. \quad (10.1)$$

ここで，上付き添え字の d は自国品，f は外国品であることを示す．

国内生産 X に対する需要は，国内からの需要と，外国からの需要（輸出 E）からなる．さらに，国内からの需要は，自国品への補填需要 Z^d，投資需要 I^d，労働者および資本家の消費需要 C_L^d，C_K^d，政府需要 G^d からなる．したがって，国内生産物の需給均衡は，

$$X = Z^d + I^d + C_L^d + C_K^d + G^d + E \quad (10.2)$$

となる．(10.1) を用いると，(10.2) は次のように表すことができる．

$$X = (Z - Z^f) + (I - I^f) + (C_L - C_L^f) + (C_K - C_K^f) + (G - G^f) + E \quad (10.3)$$

輸入品への需要を輸入 M としてまとめると，

$$M = Z^f + I^f + C_L^f + C_K^f + G^f \quad (10.4)$$

であり，(10.4) を用いて (10.3) を書きなおすと，

$$X = Z + I + C_L + C_K + G + E - M \tag{10.5}$$

を得る．$X-Z$ は純生産（国民所得）であり，それを Y で表すと，

$$Y = I + C_L + C_K + G + E - M \tag{10.6}$$

となる．

所得から租税 T と消費を差し引いたものを民間貯蓄 S（$=Y-T-C_L-C_K$）とすると，(10.6) は次のようになる．

$$S = I + (G - T) + (E - M) \tag{10.7}$$

(10.7) は，ある国で生産された商品の販売が実現されるためには，民間貯蓄に等しいだけの投資需要，財政赤字，および貿易収支の合計が必要であることを意味する．

ところで，所得は賃金所得（税引き後）W，利潤（税引き後）Π，および租税に分かれるから，$Y=W+\Pi+T$ である．賃金所得がすべて消費支出され（$C_L=W$），利潤の一定割合が消費に向かう（$C_K=a\Pi$）と仮定すると，民間貯蓄はすべて利潤からなされることになり，(10.7) は以下のように表すことができる．

$$s\Pi = I + (G - T) + (E - M) \tag{10.8}$$

ここで，s は資本家の貯蓄率（$1-a$）である．(10.8) より，資本家消費を差し引いた利潤の残余は，その国の投資需要，財政赤字，および貿易収支によって実現されることがわかる．したがって，財政収支均衡を前提とすると（$G=T$），自国の資本家が十分な投資需要をおこなわないとき（$s\Pi>I$），自国商品の実現のためには，$E>M$，すなわち自国は貿易収支を黒字にしなければならない．

いま，世界が自国と外国からなると想定すると，自国の貿易収支が黒字であるということは，外国のそれは赤字となる．そのとき，外国の投資需要が

十分であれば商品の実現が可能であるが，一定水準の財政赤字のもとで投資需要が十分でない場合は，実現困難が生じる．したがって，自国と外国の双方で投資需要が十分でなく，財政赤字にも制約があるとき，いずれの国も，貿易収支黒字によって利潤を実現しようとする．しかし，すべての国で貿易収支を黒字にすることは不可能であるから，熾烈な競争となる．それは，貿易自由化交渉などの場でも，国家間の厳しい対立となって表れる．

(10.8)の辺々をKで割ると，利潤率r（$=\frac{\Pi}{K}$）と資本家の貯蓄率s，資本蓄積率g（$=\frac{I}{K}$），財政赤字率d（$=\frac{G-T}{K}$），貿易黒字率b（$=\frac{E-M}{K}$）の関係を得る．

$$sr = g + d + b \tag{10.9}$$

(10.9)は，資本蓄積率，財政赤字率，貿易黒字率，資本家の消費率が大きいほど，利潤率が高くなることを示している．

2．外国貿易の決定要因

次に，貿易はどのような要因によって影響を受けるだろうか．まず，輸出入の決定要因から考えよう．

所得，実質為替レートと輸出入

貿易に影響を及ぼす要因として，まず，所得を挙げることができる．ある国の所得が増加すると消費が増加し，消費の一部は輸入品に向かう．また，所得増加は生産増加を意味するから，そのために必要な原材料や部品などの輸入が増加する．したがって，自国の所得Y^dの増加は，自国の輸入を増加させる．一方，外国の所得Y^fが増加すると，外国の輸入が増加し，その一部は自国の輸出増につながる．

また，輸出入は，外国品と自国品の相対価格にも影響を受ける．ただし，外国の通貨単位は自国のそれとは異なるので，自国通貨単位に変換して比較する必要がある．外国通貨と自国通貨の交換比率を**為替レート**という．したがって，自国品と外国品の価格および為替レートが，輸出入に影響を及ぼす．

自国品価格を p^d 円，外国品価格を p^f ドル，為替レートを 1 ドル e 円とすれば，外国品の自国品に対する相対価格は，次式のように定義できる．これを**実質為替レート**と呼ぶ．

$$実質為替レート = \frac{為替レート(円/ドル) \times 外国品の価格(ドル)}{自国品の価格（円）} = \frac{ep^f}{p^d} \quad (10.10)$$

実質為替レートが上昇すると，需要は外国品から自国品に向かい，自国輸出量は増加し，自国輸入量は減少する．逆に，実質為替レートが低下すると，自国輸出量は減少し，自国輸入量は増加する．

ところで，実質為替レートの逆数，すなわち $\frac{p^d}{ep^f}$ は**交易条件**と呼ばれ，自国の輸出品 1 単位で何単位の輸入品を購入できるかを示す．交易条件の値が上昇することは，輸出品 1 単位でより多くの輸入品を手に入れることができることを意味するから，「交易条件の改善」と呼ぶ．逆の場合は「交易条件の悪化」と呼ぶ．

マーシャル＝ラーナー条件とJカーブ効果

円安（e の上昇）によって実質為替レートが上昇すると，日本の輸出量は増加し輸入量は減少するから，円安は日本の貿易収支を改善すると予想できる．

しかし，円で評価した自国の貿易収支は，次式のように書ける．ここから，もし輸出量 E の増加や輸入量 M の減少が十分でなく，円安による輸入価格 ep^f 上昇の影響が強い場合，貿易収支はむしろ悪化するかもしれないことがわかる．

$$\text{貿易収支(円)} = \underbrace{\text{自国品価格}\, p^d \times \text{輸出量}\, E}_{\text{輸出額(円)}} - \underbrace{\text{為替レート}\, e \times \text{外国品価格}\, p^f \times \text{輸入量}\, M}_{\text{輸入額(円)}} \quad (10.11)$$

両辺を自国品価格で割った**実質貿易収支**は，以下のように表される．

$$\text{実質貿易収支} = \text{輸出量}\, E - \text{実質為替レート}\, \frac{e p^f}{p^d} \times \text{輸入量}\, M \quad (10.12)$$

どのような条件のもとで，実質為替レートの上昇が，自国の実質貿易収支の改善をもたらすだろうか．これを示したのが**マーシャル＝ラーナー条件**であり，以下のように表すことができる（**数学注1**を参照）．

$$\text{輸出の価格弾力性}\, \lambda_E + \text{輸入の価格弾力性}\, \lambda_M > 1 \quad (10.13)$$

ここで，輸出（輸入）の価格弾力性とは，実質為替レートが1％上昇したとき，自国輸出量（輸入量）が何％変化するかを表す値である．2つの弾力性の和が1より大きければ，実質為替レートが上昇すると自国の実質貿易収支は改善する．

一般に，短期間の輸出・輸入の価格弾力性は，長期間のそれより小さい傾向がある．したがって，為替レートが変化したときに，当初はマーシャル＝ラーナー条件が満たされず，予想とは逆の貿易収支の動きが観察されることがある．その後，時間の経過とともに，数量調整が十分おこなわれるようになると，予想と一致した方向に動く．

図表10-3は，円安にもかかわらず，当初は貿易収支が悪化し，その後改善していく様子が描かれている．貿易収支の動向がJの文字に似ているので，このような効果を**Jカーブ効果**と呼ぶ．

日本の貿易収支

図表10-4は，日本の経常収支と円ドルレートの推移を示している．**経常収支**とは，国際収支勘定の1つで，貿易収支（財の輸出入の収支）の他に，サ

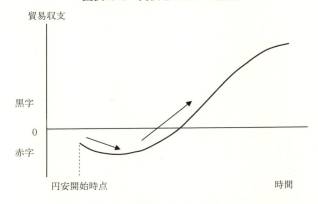

図表10-3　円安とJカーブ効果

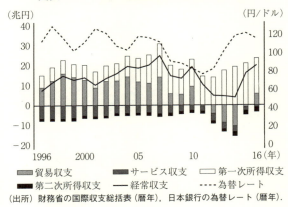

図表10-4　日本の経常収支と円ドルレート

（出所）財務省の国際収支総括表（暦年），日本銀行の為替レート（暦年）．

ービス収支（サービス取引の収支），第一次所得収支（対外金融債権・債務から生じる利子・配当金等の収支），第二次所得収支（無償資金協力や国際機関分担金などの収支）から構成される．経常収支黒字は外貨の純受取を意味し，対外純資産や外貨準備の増加につながる．

　日本の貿易収支黒字は，1980年代半ばには10兆円を超えるようになっていたが，2008年のリーマン・ショック後は5兆円台にまで減少した．その後，回復の兆しを見せたが，2011年に東日本大震災が起こると，原発停止

第10章　外国貿易と為替レート　　145

による鉱物性燃料の輸入拡大などにより貿易収支は赤字に転じ，さらに2012年，13年，14年と赤字は拡大した．2016年は黒字に戻ったが，世界的な原油価格低下によるもので，輸出額は前年より8％程度減少した．

2012年末からは急激な円安となったが，期待されたようなJカーブ効果は出現せず，円安が輸出に与える影響は限定的になったとの見方がある．その理由として，輸出企業の価格設定行動や貿易構造の変化が指摘されている[1]．上述のJカーブ効果の説明において，日本の輸出品の現地通貨建て価格（ドル）は$\frac{p^d}{e}$で表され，円安になるとそれが低下することが前提になっている．たとえば，p^dが一定の場合，円安が10％のとき，ドル建て価格も10％低下する．為替レートの変化がどの程度，現地の輸入価格に転嫁されるかの指標をパススルーというが，この場合は100％である．しかし，輸出企業は現地通貨建て価格を安定化する行動をとる可能性があり，p^dを引き上げてパススルーを下げるかもしれない．2012年末の急激な円安に対して，企業はパススルーを下げて，現地通貨建て価格の低下を抑制した可能性がある．この場合，円安は輸出量の増加に結びつきにくくなるが，輸出企業は円安による為替差益を享受する．

また，東アジアを中心とした国際分業を背景に，日本は部品などの中間財輸入を拡大している．つまり，輸出の増加が中間財輸入をともなう貿易構造に変化し，円安による貿易収支改善効果が小さくなった可能性が指摘されている．

また，図表10-4より，対外直接・証券投資の増加を反映して，第一次所得収支は増加傾向である．経常収支黒字の主役は，貿易収支から第一次所得収支に変化してきていることがわかる．

---

1) 清水順子・佐藤清隆「アベノミクスと円安，貿易赤字，日本の輸出競争力」RIETI Discussion Paper Series 14-J-022（独立行政法人経済産業研究所，2014年）．伊藤隆敏・清水順子「国際マクロから考える日本経済の課題」RIETI Policy Discussion Paper Series 15-P-019（独立行政法人経済産業研究所，2015年）．

3. 為替レートの決定

商品や証券の国際取引をおこなうためには，自国通貨を外国通貨に，あるいは外国通貨を自国通貨に交換する必要がある．その交換の場を**外国為替市場**と呼ぶ．リンゴの価格がリンゴ市場で決まるように，為替レートは外国為替市場で決まる．

外国為替市場における需要と供給

日本とアメリカを例にとり，外国為替市場に現れるドル需給の理由を考えよう．

第一に，貿易決済のためのドル需給である．日本がアメリカから商品を輸入する場合，その支払いのために，外国為替市場で円を供給しドルを需要する．逆に，日本がアメリカに商品を輸出する場合，受け取ったドルを外国為替市場で供給して円を需要する．前節で見たように，他の条件を一定とすると，自国輸入は為替レート e の減少関数，自国輸出は増加関数であるから，ドル需要量は e の減少関数，供給量は増加関数となる．

第二に，金融資産の国際取引にともなうドル需給である．今，A 円を円建て債券とドル建て債券のどちらで運用するかを考える．それぞれの利子率を r^d, r^f, 現行の為替レートを 1 ドル e 円，1 年後の予想為替レートを π 円とする．円建て債券で運用したとき，1 年後の元利合計は $(1+r^d)A$ 円である．ドル建て債券で運用するときは，まず A 円をドルに変換すると $\frac{A}{e}$ ドルであり，それをドル建て債券で運用すると $(1+r^f)\frac{A}{e}$ ドルとなる．その時点で円に交換すると $\frac{\pi}{e}(1+r^f)A$ 円となる．$(1+r^d)A$ 円と $\frac{\pi}{e}(1+r^f)A$ 円を比較して，どちらで運用すべきかを決定するだろう（**図表10-5**）．

両国の利子率と予想為替レートが一定であるとすると，現時点でのドル高（e の上昇）はドル建て債券の予想収益率を低め，ドル建て債券での運用を不利にする．このことは，アメリカ人がドルを運用する場合にも同じことがい

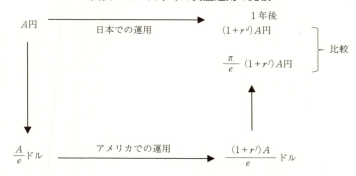

図表10-5　日米での資産運用の比較

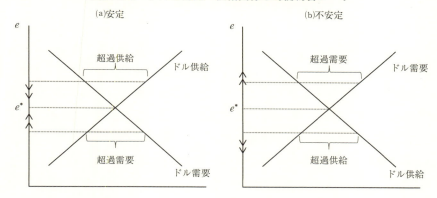

図表10-6　ドルの需要・供給曲線と均衡為替レート

える．したがって，e の上昇はドル建て債券需要の減少，円建て債券需要の増加をもたらす．ドル建て債券需要はドル需要を，円建て債券需要はドル供給をともなうので，ドル需要量は e の減少関数，供給量は増加関数となる．

　以上から，ドルの需要・供給曲線は**図表10-6**(a)のように描くことができる．ドル需要量が供給量を上回れば，ドルの価格である為替レートは上昇し，逆に，ドル供給量が需要量を上回れば低下する．図表10-6において e^* が均衡為替レートとなる．

　ただし，需要・供給曲線の形状によっては，為替レートが均衡為替レートから乖離したときに，均衡に向かわずますます乖離するケースがある．たと

えば，eが1%上昇したときに，予想為替レートが1%以上上昇するような場合，eが上昇するほどドル建て債券が有利になり，ドル需要量が増加，ドル供給量が減少する．あるいは，貿易決済についても，eが上昇するほど現時点で輸入したほうが割安，逆に輸出は割高と予想されるので，ドル需要量が増加，ドル供給量は減少する．このようなときは図表10-6(b)のように不安定になる．

ところで，図表10-6では，所得，利子率，予想為替レートが所与とされていた．それらが変化すると，ドル需要・供給曲線はシフトする．

Y^dの増加，p^dの上昇，p^fの低下は，自国輸入の増加をもたらし，ドル需要曲線を右にシフトさせる．Y^fの増加，p^dの低下，p^fの上昇は，自国輸出の増加をもたらし，ドル供給曲線を右にシフトさせる．たとえば，p^dが上昇すると，**図表10-7**のように，ドル需要曲線が右に，ドル供給曲線が左にシフトし，均衡為替レートは上昇する．

ドル需要曲線は，r^dの低下，r^fの上昇，πの上昇によって右にシフトする．ドル供給曲線は，r^dの上昇，r^fの低下，πの低下によって右にシフトする．たとえば，r^fが上昇すると，ドル需要曲線が右に，ドル供給曲線は左にシフトし，均衡為替レートは上昇する．

さらに，中央銀行がドル買い・円売り介入をおこなう場合は，ドル需要曲

図表10-7　ドル需要の増加・ドル供給の減少の効果

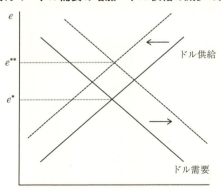

図表10-8　為替レートの規定要因

	Y^d	Y^f	r^d	r^f	π	ドル買い 円売り	ドル売り 円買い
e	+	−	−	+	+	+	−

線が右にシフトし，ドル売り・円買い介入をおこなう場合は，ドル供給曲線が右にシフトする．為替レートへの主要な影響をまとめると，**図表10-8**のようになる．

金利平価説

　金融取引の自由化が進み，インターネット取引が活発化した今日では，自国と外国の金融資産の収益率に差があるなら，その差を利用して利益を得ようとする**裁定取引**が瞬時に起こるだろう．このような観点から，自国・外国金融資産の収益率の均衡状態で短期の為替レート決定を考える理論が，**金利平価説**である．

　先の例でいうと，円建て・ドル建て債券の予想収益率の均等は，以下のように表すことができる．これを**金利裁定式**と呼ぶ（数学注2を参照）．

$$r^d = r^f + \frac{\Delta e}{e} \tag{10.14}$$

ここで$\Delta e = \pi - e$であり，したがって$\frac{\Delta e}{e}$は為替レートの予想変化率である．r^d，r^f，πが与えられると，金利裁定式が成立するように為替レートが決まる．もし$r^d > r^f + \frac{\Delta e}{e}$なら，ドル売り円買いが起こり，金利裁定式が成立するまでeは低下する．逆に，もし$r^d < r^f + \frac{\Delta e}{e}$なら，ドル買い円売りが起こり，金利裁定式が成立するまでeは上昇する．

　つまり，r^d，r^f，πが所与のもとで，金利裁定式が実現するよう，瞬時に資本が移動し，eが変化する．r^d，r^f，πのeへの影響は，図表10-8と同様である．

購買力平価説

　商品価格が十分に調整される長期の為替レート決定理論として，購買力平価（Purchasing Power Parity: PPP）説がある．

　この説では，通貨の交換比率は通貨価値の比，すなわち，購買力の比に等しいとする．**購買力**とは，通貨1単位でどれだけモノが購入できるかである．たとえば，1個200円のリンゴで測れば，1円の購買力はリンゴ$\frac{1}{200}$個となる．一般的には，典型的な商品から構成されるバスケットで測る．そのようなバスケットの価格が物価であるから，通貨の購買力とは，物価の逆数といえる．

　日本の物価をP^d，アメリカの物価をP^fとすると，円およびドルの購買力はそれぞれ$\frac{1}{P^d}$, $\frac{1}{P^f}$である．ドルは円の$\frac{P^d}{P^f}$倍の購買力をもつことになるから，1ドルは$\frac{P^d}{P^f}$円と交換すべきということである．

$$s = \frac{P^d}{P^f} \tag{10.15}$$

　このように物価の比率として計算される交換比率sを，**絶対的PPP**と呼ぶ．（10.15）は$sP^f = P^d$と変形できるから，絶対的PPP説によれば，同一通貨で評価した各国の物価は等しくなる．

　すべての商品について一物一価の法則が成立し，物価を測るバスケットの構成が自国と外国で同じであれば，絶対的PPPが成立する．国境を越えて一物一価の法則が成立するには，国際間の価格差を利用してもうけようとする商品裁定が起こる必要がある．そのためには，商品が同質で貿易可能であること，国際輸送費や貿易障壁がないこと，市場が完全競争的であること，情報が完全であることなどが条件となる．さらに，各国の消費や生産の構造は異なり，物価のバスケットの構成も一致しないから，絶対的PPPが成立する条件は厳しいといえる．

　（10.15）を変化率で表すと，以下のようになる．

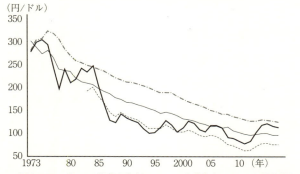

図表10-9 購買力平価の推移

(出所) 公益財団法人国際通貨研究所.
(注) 消費者物価 PPP と企業物価 PPP は1973年基準,輸入物価 PPP は1990年を基準として算出.各年12月の平均を採用.

$$\frac{\Delta s}{s} = \frac{\Delta P^d}{P^d} - \frac{\Delta P^f}{P^f} \tag{10.16}$$

(10.16) は,通貨の交換比率の変化率はインフレ率の差になるというもので,**相対的 PPP** と呼ばれる.たとえば,物価水準が日本で3％,アメリカで1％上昇したとすると,相対的 PPP 説によれば,ドルは円に対して2％増価することになる.

図表10-9は,実際の為替レートと各種物価指数で計算した相対的 PPP の推移である.短期的な変化を追うことは難しく,乖離もあるが,円ドルレートの長期的な趨勢は捉えている.

4. 外国為替レート制度と不安定性

外国為替レート制度

外国為替レート制度とは,為替レートのあり方に関する取り決めのことで

ある．基本的には，為替レートをある一定の値に固定する**固定為替レート制**と，外国為替市場の外貨需給に応じて変動させておく**変動為替レート制**の2つの制度がある．

　固定為替レート制では，固定レートを維持するために，外国為替市場に中央銀行が介入する．何らかの理由により，外国為替市場で外貨需要が増加したとき，中央銀行は固定レートで外貨を供給し自国通貨を需要する必要があり，このとき自国貨幣供給は減少する．外国為替市場で外貨供給が増加したときは，逆の為替介入が必要となり，自国通貨供給は増加する．

　変動為替レート制では，為替レートは市場の需給に応じて決まる．しかし，現実には，完全に市場の需給にゆだねているわけではなく，為替レートが乱高下する場合など必要に応じて市場に介入している．

外国為替レート制度と不安定性

　第二次世界大戦後のブレトン・ウッズ体制では，アメリカが金とドルとの交換性を保証し（金1オンス35ドル），他の国はドルに対して平価（金や一定の金の価値を有する外貨などとの交換比率．円の場合，1ドル360円）を設定し，変動幅を平価の±1％以内に抑える義務を負った．つまり，ドルを基軸とする非対称な，平価の調整が可能な固定為替レート制であった．

　しかし，この制度は国際流動性（国際間の決済に利用できる金融資産）の供給を，アメリカの対外的なドル支払い，すなわち国際収支赤字に依存していたがために，矛盾を含んでいた．つまり，国際流動性としてのドル供給の拡大は，アメリカの公的対外債務残高の公的金保有残高に対する比率を上昇させ，ドルに対する信認を低下させる（流動性のジレンマ）．1960年代初めには，アメリカの公的対外債務残高は公的金保有残高を超え，60年代後半には，ドルと金の1オンス35ドルでの交換への信認がいっそう弱まり，ドルを金に換える動きが顕著になった．イギリスの巨額の金兌換要求をきっかけに，アメリカはドルと金との交換停止を発表し（ニクソン・ショック），これをもって

ブレトン・ウッズ体制は崩壊した（1971年8月15日）．

その後，主要先進国は変動為替レート制に移行したが，その後も為替レートをめぐる問題は相次いだ．1980年代前半のアメリカの高金利政策や財政赤字拡大による異常なドル高，それを是正するためのプラザ合意（1985年9月），行きすぎたドル安を安定化するためのルーブル合意（1987年2月）など，国際資本移動の活発化とともに金利の連動性が高まる中で，大国の金融政策の影響を考慮せざるをえない状況となった．変動為替レート制下でも，為替レートの乱高下は望ましいものではなく，金融政策の独立性は必ずしも担保されない．

1990年代はヨーロッパ，アジア，中南米，ロシアなどで通貨危機が相次いだ．たとえば，アジア通貨危機は，80年代からの国際資本移動の自由化の中で，利潤を求めて海外から大量の短期資本がアジアの新興国に流入していたことが背景にある．通貨危機の発端となったタイでは，経済成長に陰りが見えると，短期資本が引き上げられ，ドルに固定されていたバーツをタイの中央銀行は買い支えることができず暴落を招いた．それをきっかけに，インドネシアや韓国の通貨なども相次いで暴落し，当該国の実体経済だけでなく，それらの国に進出している日本企業にも大きな影響を及ぼした．アジア通貨危機以後，タイ，韓国，インドネシアでは変動為替レート制に移行した．

2000年代になっても，リーマン・ショック，欧州債務危機，イギリスのEU離脱など，為替レートに大きな影響を与える出来事は続いている．また，アメリカの経常収支赤字と新興国，特に中国の経常収支黒字が顕著になったことも不安定要因である．中国の外貨準備高は2006年に世界一となり，2014年6月にピークに達した（3.99兆ドル）．外貨準備の多くはアメリカ国債の購入にあてられており，アメリカの経常収支赤字の一部は中国の経常収支黒字によって支えられている側面がある．中国は2005年7月から，通貨バスケット（複数の通貨を入れた「バスケット」を1つの通貨に見立てて算出した交換レート）を参考にしながら，為替レートを調整する「管理変動為替レート制」に移行した．2005年以降，おおむねドル安人民元高の傾向であるが，2015

年には人民元を切り下げた．背景には，中国の高度経済成長の陰り，アメリカのゼロ金利解除などにより，中国から資本流出が続いたことがある．元安を緩やかにするために，中国はドル売り元買いの介入をおこなったので，中国の外貨準備はピーク時に比べて2016年末までに1兆ドル近く減少した．また，2016年後半からは中国は資本規制を強化した．

このように，世界的な経常収支不均衡（グローバル・インバランス）が存在する中，利潤を求めての国際資本移動の活発化は，為替レートの安定性を脅かしている．また，中国のプレゼンスが高まるにつれ，中国の経済成長鈍化や為替政策も，各国の通貨価値動向の不安定要因となる恐れがある．

【キーワード】
　交易条件，マーシャル＝ラーナー条件，Jカーブ効果，金利裁定，購買力平価，国際金融のトリレンマ

【議論してみよう】
1. 日本の経済成長における貿易の役割について考えてみよう．
2. 円安の日本経済への影響が，過去と現在で違いがあるかどうか考えてみよう．
3. ハンバーガーで測った購買力平価，いわゆる「ビッグマック指数」を参考に，実際の円ドルレートの動向について考えてみよう．http://www.economist.com/content/big-mac-index

【参考文献】
高木信二『入門 国際金融』第4版（日本評論社，2011年）．
藤田誠一・岩壷健太郎編『グローバル・インバランスの経済分析』（有斐閣，2010年）．
P. R. クルーグマンほか『クルーグマン国際経済学 理論と政策〔原書第10版〕』下：
　　金融編（丸善出版，2017年）．

数学注1　マーシャル＝ラーナー条件

自国品価格で測った実質貿易収支 TB は，輸出入が実質為替レートの関数であることを考慮すると，以下のように表される．ここで，$q=\dfrac{ep^f}{p^d}$ である．

$$TB = \frac{p^d E(q) - ep^f M(q)}{p^d} = E(q) - qM(q)$$

q で微分すると以下を得る．

$$\frac{dTB}{dq} = \frac{E}{q}\left[\left(\frac{dE}{dq}\frac{q}{E}\right) + \frac{qM}{E}\left(-\frac{dM}{dq}\frac{q}{M}\right) - \frac{qM}{E}\right]$$

右辺の2つの（　）の中身は，それぞれ輸出の価格弾力性 λ_E，輸入の価格弾力性 λ_M であるから，

$$\frac{dTB}{dq} = \frac{E}{q}\left[\lambda_E + \frac{qM}{E}\lambda_M - \frac{qM}{E}\right]$$

と書ける．さらに，初期時点で貿易収支が均衡していたとすると，$ep^f M = p^d E$，すなわち $qM = E$ であるから，実質為替レートが上昇したときに自国貿易収支が改善する条件として（10.13）を得る．

数学注2　金利裁定式の導出

円建て債券とドル建て債券の予想収益率の均等は，

$$\frac{(1+r^d)A - A}{A} = \frac{\frac{\pi}{e}(1+r^f)A - A}{A}$$

$$r^d = r^f + \frac{\Delta e}{e} + \frac{\Delta e}{e}r^f$$

となり，右辺第3項は十分小さいと見なすと（10.14）を得る．

コラム：国際金融のトリレンマと欧州債務危機

「為替レートの固定性」，「自由な国際資本移動」，「独立した金融政策」の3つを同時に達成することはできない．これを国際金融のトリレンマと呼ぶ．

「独立した金融政策」とは，中央銀行が独立して通貨を発行し，独自の政策目標を達成するために金融政策を実行できることを意味する．たとえば，固定為替レート制で自由な国際資本移動を許せば，固定レートを維持するために貨幣供給量が変動するので，物価安定や完全雇用のために金融政策を遂行することは不可能である．独立した金融政策を可能にするためには，固定為替レート制を採用する場合は，国際資本移動を制限する必要がある．国際資本移動を自由にする場合は，変動為替レート制を採用する必要がある．

EUの場合，域内では単一通貨ユーロの採用（域内国間では固定為替レート制と同義）と自由な国際資本移動を選択し，金融政策は欧州中央銀行が担っており，各国が独立した金融政策をおこなうことはできない．このことが表面化したのが欧州債務危機である．

2009年10月に，ギリシャの財政赤字統計の不正が発覚したことをきっかけに，ギリシャ国債の格付け引き下げと国債金利の上昇が生じ，市場からの資金調達が困難となった．その影響は欧州重債務国（GIIPS：ギリシャ，アイルランド，イタリア，ポルトガル，スペイン）に波及し，欧州債務危機へと発展した．欧州重債務国が独自に金融緩和をすることはできず，また一方で，欧州中央銀行がすべての加盟国の利益になるような政策をおこなうこともできず，欧州債務危機の混迷を深めた．

第11章

グローバル化と国民経済

　経済活動がますますグローバル化している．グローバル化は国際的な分業の進展でもあるが，資本主義的市場経済はこの国際分業を飛躍的に拡大させた．その歴史的意義は，①人類共同体の形成，②資本主義経済の発展に対する制約の緩和，③搾取や収奪の国際的拡大，の3つである．本章では，グローバル化が国民経済に与える影響を考えよう．

1．グローバル化の進展

　経済活動のグローバル化とは，財・サービスの生産や販売，資金や労働等の生産要素の利用が，一国内にとどまらず，国境を越えて広範囲に展開されることをいう．もちろんグローバル化には，文化や芸術，諸制度など様々な側面があるが，経済活動に限定しても，財市場，労働市場，資金市場などの世界市場が形成され，各国はこの単一市場への参加者として世界市場に組み込まれる．このようなグローバル化の歴史は古く，たかだか数百年の資本主義経済をはるかに超える歴史をもつが，資本主義経済がグローバル化を飛躍的に推し進めたことは明らかである．

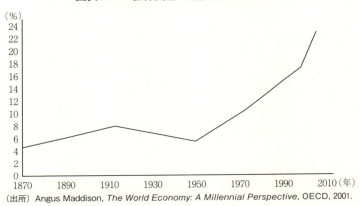

図表11-1　世界貿易の成長（1870〜2005）

（出所）Angus Maddison, *The World Economy: A Millennial Perspective*, OECD, 2001.

貿　易

　グローバル化の進展を測る最も簡単な指標は，貿易の大きさである．世界全体の貿易量が世界のGDPに占める割合を示したのが**図表11-1**である．貿易量は，第一次世界大戦までは経済規模を上回る伸び率で拡大してきたが，戦後は低下し，その後1950年頃を境にふたたび拡大基調に転じて，1960年には戦前の最高水準である世界GDP比8％を超えた．その後もこの比率は急速に増大して，現在では23％に達し，その後も上昇スピードは止まっていない[1]．

　この19世紀から第一次世界大戦までの貿易の増大を主導したのは，イギリスであった．第二次世界大戦後の中心は，イギリスからアメリカに移った．また，貿易の構成も，第一次産品が低下して，工業製品の比重が高まってきた．1913年の第一次産品の割合は64％，工業品が36％であったが，1994年には第一次産品は25％，工業品75％に逆転した[2]．

1）Nicholas Crafts, Globalization and Growth in the Twentieth Century, IMF Working Paper, 2000. David N. Weil, *Economic Growth*, Pearson Education, 2009, chapter 11.
2）Crafts, *op. cit.*

資本移動

国際的な資本移動についても,貿易と似た動きが読み取れる(**図表11-2**).第一の波は19世紀末期で,イギリスが「世界の銀行」としての役割を果たした時代である.当時,国境を越える資本の流れは,イギリスを中心とするヨーロッパ資本であった.このうち約半分はイギリスの対外投資で,イギリスのGDP全体の8.7%が対外投資に向けられた.

このような資本投下は第一次世界大戦によって停滞する.これがふたたび増大に転じるのは1960年代以降であり,特に1990年からは急速に増大している.それを主導したのはやはりアメリカであり,特に世界の貿易や生産に占める多国籍企業の役割が大きかった.1914年の対外直接投資の世界GDPに対する割合は約7%であったが,1996年には20%に増大した[3].

日本の対外投資も増大しており,1992年には日本のGDPの4.7%が対外純投資に振り向けられた.日本を含む先進国から途上国への長期の民間資本投資は,1990年代のアジア発展途上国への投資ブームをもたらし,1990年

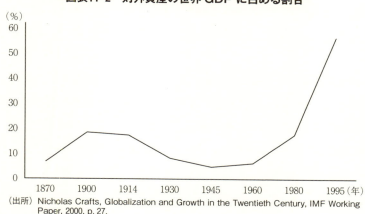

図表11-2 対外資産の世界GDPに占める割合

(出所)Nicholas Crafts, Globalization and Growth in the Twentieth Century, IMF Working Paper, 2000, p. 27.

---

3)Crafts, *op. cit.*

から1997年の間に約7倍に急激に増大した．その後，1997年のアジア通貨危機で一時縮小するが，2005年以降回復している．

労働移動

次に，労働者の移動を見よう．労働者の国際的な移動は，貿易や資本移動に比べると緩慢(かんまん)である．現時点で，国を越える労働移動は，まだ1914年のレベルに達していない．1870年から1925年の間に，約1億人が移民の形で移動しているが，これは1870年の世界人口の10人に1人の割合である．このうち5千万人はヨーロッパ（東部，南部）からアメリカやオーストラリアへの移民であり，他は中国やインドから他のアジア地域，アメリカ，そしてアフリカへの移民であった．

第二次世界大戦後，植民地主義の終焉，ナショナリズムの勃興(ぼっこう)，受け入れ国の政治的変化によって，移民の重要性は低下した．19世紀にたくさんの移民を受け入れてきた国の中で，従来に近いペースで移民受け入れを継続しているのはアメリカ合衆国のみであり，2005年時点でアメリカの人口の11.7％が外国生まれである[4]．

このように，貿易，資本移動，人の移動のグローバル化は，資本主義経済のもとで大きく進展した．

2．グローバル化による国際分業の進展

いま，世界で貿易をおこなっていない国はない．世界経済のGDPに占める貿易額の比重は，資本主義の進展とともに著しく増大している．特に戦後の貿易の増大は著しい．国際貿易の増大の理由として，以下が重要である．

---

4) Weil, *op. cit.*

① 販売市場として国外に販路を求めたこと．
② 原材料や中間生産物の供給源を国外に求めたこと．
③ 多国籍企業が生産拠点を国外に広げ，企業内取引が国際取引の形をとったこと．

国際分業の進展

　国際貿易が当事国間の労働のネットワークを形成することを，簡単な例で見ておこう．いまA，Bの2国があるとしよう．A国では生産財，B国では消費財が生産され，両国間で交易がおこなわれているとしよう．

　A国の生産には単位あたり a_1 の生産財と ℓ_1 の国内労働の投入が必要であり，B国の生産には a_2 の生産財と ℓ_2 の国内労働が必要である．A国とB国の労働者は，単位労働時間あたりそれぞれ R_1，R_2 の消費財を購入できる賃金を得ている．この2国間の分業関係は**図表11-3**のように表される．

　さて，この国際分業によって，どのような労働のネットワークが形成されているのだろうか．A国の生産財1単位の生産に必要な労働量を t_1，B国の消費財1単位の生産に必要な労働量を t_2 とすると，それらは次の2つの式から決まる．

図表11-3　国際分業

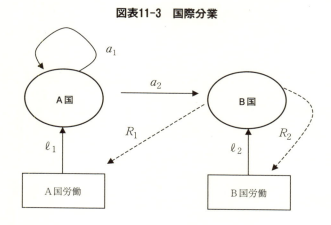

$$t_1 = a_1 t_1 + \ell_1 \tag{11.1}$$
$$t_2 = a_2 t_1 + \ell_2 \tag{11.2}$$

A国の生産はA国労働だけで可能だが，B国の生産にはB国の直接労働 ℓ_2 だけでなく，A国で生産される生産財 a_2 が必要であり，したがってA国の労働にも依存している．また，A国もB国も労働者は消費財 R_1, R_2 を購入するが，この消費財の生産にはA国とB国の両国の労働が必要である．こうして，両国の経済活動はいずれも，相手国の存在なしには成り立たない．

貿易不均衡

実際の貿易のネットワークは，図11-3のように単純ではない．前章の冒頭（図表10-1）で見たように，世界各国は互いに輸出と輸入の複雑なネットワークで結ばれている．

図表11-4は，世界の貿易マトリックスである．縦軸に輸出元の国・地域，横軸に輸出先の国・地域が記されている．たとえば，日本はNAFTA（北米）に1445億ドル，EUに660億ドル，東アジアに2830億ドル等を輸出し，逆にNAFTAから731億ドル，EUから627億ドル，東アジアから2793億ドル等を輸入している．

図表11-4からわかることは，世界全体の貿易額は約16.5兆ドル（日本のGDPの約3倍）であるが，世界各国は輸出と輸入のネットワークで結びつき，どの国の生産活動も多数の国の生産活動に支えられているということである．生産には各国の労働が必要であるから，(11.1)(11.2)式のような簡単な連立方程式を，n 国 m 財に拡張することによって，各国の生産活動が諸外国の労働にどのように依存し国際分業が成立しているかを量的に把握することができる[5]．

---

[5] 必要なデータは，産業連関表である．産業連関表は，中国や途上国なども含めて世界各国で継続的に作成・公表されており，世界分業の実態とその変化をより詳細に調べることができる．萩原泰治「グローバルな投下労働量の計測」『国民経済雑誌』189(2), 2004年, を参照.

図表11-4 世界貿易マトリックス

輸出元			輸出先 世界	NAFTA	アメリカ	EU28
世界			16,481,400	2,925,152	2,137,300	5,246,380
	NAFTA		2,293,607	1,154,041	621,967	321,633
		アメリカ	1,504,570	516,394		274,073
	EU28		5,387,170	487,788	411,231	3,395,830
	日本		624,801	144,585	126,372	66,011
	東アジア		4,276,798	753,037	647,370	555,945
	RCEP		5,127,018	921,858	795,440	657,036
		中国	2,280,540	474,000	410,783	356,595
		ASEAN	1,199,820	156,695	134,535	128,673
	APEC		8,216,946	2,133,457	1,464,151	1,167,623

(注) ①台湾の貿易額は DOT に収録がないため，台湾貿易統計を使用．各国・地域から台湾への輸出額は，台湾②東アジアは，中国，韓国，台湾，ASEAN．
(資料) DOT, May 2016 (IMF) および台湾貿易統計．
(出所) JETRO．

次に明らかなことは，各国の貿易収支は，日本とアメリカといった2国間でも，また日本と世界各国全体との間でも，均衡していないということである．前章で学んだように，

$$s\Pi = I + (G - T) + (E - M) \tag{10.8}$$

という関係が成り立ち，一国の利潤Πはその国の貿易収支$E - M$に依存する．アメリカの場合，輸出が1.5兆ドルに対して，輸入が2.1兆ドルで，約6300億ドルの輸入超過である．アメリカにとって，貿易収支は利潤の抑制要因になっている．

他方，アメリカ以外の主要な国・地域は，輸出が輸入を上回る貿易黒字国であり，貿易収支が利潤の増大要因になっている．最も大きな黒字国は中国で，約8600億ドルの輸出超過である．日本は貿易黒字国であるが，2015年時点では差額はそれほど大きくなく，約330億ドルの輸出超過にとどまる．

(2015年，単位：100万ドル)

日本	東アジア	RCEP			APEC
			中国	ASEAN	
591,763	3,228,287	4,212,387	1,420,900	1,173,301	7,859,419
73,111	293,239	399,267	136,870	81,447	1,629,546
62,472	258,492	347,436	116,186	75,077	934,253
62,707	355,015	479,804	189,300	92,137	1,079,268
	283,043	271,316	109,216	95,010	483,856
279,327	1,295,351	1,715,374	368,789	689,621	2,939,457
299,194	1,602,288	2,040,491	487,349	785,440	3,488,294
135,897	420,045	619,786		278,900	1,448,987
100,968	518,804	677,627	160,578	286,188	882,715
418,564	2,280,298	2,896,555	916,629	923,017	5,639,264

の輸入額（CIF ベース）に0.9を乗じ FOB ベースに換算．

3. 貿易の利益

　貿易赤字は一国の利潤を引き下げるが，企業や産業レベルで考えたときに，貿易が不利益だというわけではない．外国との取引に参加することによって，輸出や輸入に関わる双方の企業は，ともに利益を増やすことができる．もしそうでないならば，そもそも貿易自体が成立しないであろう．このことを簡単な例で確かめておこう．

閉鎖経済

　いま2つの国，A国とB国が存在して，いずれの国も生産財と消費財を生産しているとしよう．生産財部門では単位生産に生産財 a_1，労働 ℓ_1 の投入が必要で，消費財部門では単位生産に生産財 a_2，労働 ℓ_2 の投入が必要だと

しよう．A国の国内分業は**図表11-5**のようになる．

　国内の生産財価格を p_1，消費財価格を p_2，貨幣賃金率を w とすると，両部門の利潤率 r_1, r_2 は次の式から決まる．

$$p_1 = (1+r_1)(a_1 p_1 + \ell_1 w) \tag{11.3}$$
$$p_2 = (1+r_2)(a_2 p_1 + \ell_2 w) \tag{11.4}$$
$$w = R p_2 \tag{11.5}$$

　R は実質賃金率である．両国の生産技術 (a_1, ℓ_1), (a_2, ℓ_2) は一定とする．(11.5) を (11.3) (11.4) に代入し，両辺を消費財価格 p_2 で割ると，生産財部門の利潤率 r_1 は相対価格 $q = \dfrac{p_1}{p_2}$ の増加関数であること，逆に，消費財部門の利潤率 r_2 は相対価格 q の減少関数であることがわかる（**図表11-6**．第6章も参照）．

　r は両部門で利潤率が等しくなる均等利潤率であるが，これは図表11-6の r_1 曲線と r_2 曲線が交差する点 $r = r_1 = r_2$ で表示される．均等利潤率を実現する相対価格は $q = \dfrac{p_1}{p_2}$ である．ここで p_1 は生産財1単位あたりの価格で，日本の場合 $\dfrac{(円)}{(生産財)}$ という単位（名数 dimension）をもつ．同様に，p_2 の単位は $\dfrac{(円)}{(消費財)}$ である．したがって，相対価格 q は $\dfrac{(消費財)}{(生産財)}$ という単位をもち，生産財1単位がどれだけの量の消費財と交換されるかを表している．

図表11-5　A国内の分業

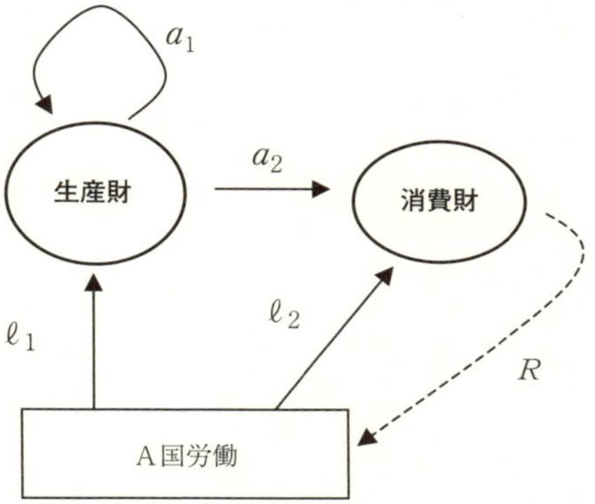

図表11-6　A国の利潤率と相対価格

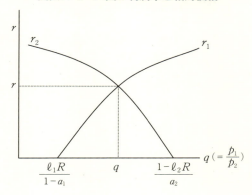

開放経済

さて，A国が外国市場において，消費財を p_2^* で購入できるとしよう．ここで，

$$p_2 > (1+r)p_2^* \tag{11.6}$$

という関係が成立すれば，消費財を国内で生産するよりも，外国から p_2^* で輸入したほうが有利である．輸入コストがかからないとすれば，輸入業者はこの消費財を国内で販売すれば，自国の均等利潤率 r よりも高い利潤率を実現できる．

A国が，生産財は国内で生産して，それと交換に消費財を輸入するという開放経済に移行した場合，新しく成立する均等利潤率 r' と諸価格 p_1'，p_2' は次のようになる．

$$p_1' = (1+r')(a_1 p_1' + \ell_1 R p_2') \tag{11.7}$$
$$p_2' = (1+r')p_2^* \tag{11.8}$$
$$p_2^* = \alpha p_1' \tag{11.9}$$

ここで，消費財の輸入価格 p_2^* は所与である．α（アルファ）は，A国が消

費財1単位を輸入するために提供しなければならない自国の生産財の量，すなわちA国の交易条件の逆数を表している．交易条件が貿易の前後で変わらないと仮定すると，貿易前の均等利潤率rと貿易後の均等利潤率r'の間には$r'>r$が成立して，利潤率が貿易によって上昇することがわかる．A国内の消費財価格p_2'は下落して，相対価格$q'=\dfrac{p_1'}{p_2'}$は上昇する（**数学注1を参照**）．

さて，A国にとって有利な貿易は，相手国のB国にとっても有利だろうか．もしそうでなければ，貿易は成り立たない．

ふたたび閉鎖経済に戻ると，図表11-5と同じような図をB国についても描くことができる．B国の閉鎖経済の均等利潤率を$\bar{r}$，相対価格を$\bar{q}$とすると，一般に利潤率も相対価格もA国とは違ったものになるであろう．そこで閉鎖経済下のA国の相対価格qとB国の相対価格$\bar{q}$の間に，

$$q<\bar{q} \tag{11.10}$$

という関係が成立しているとしよう．qはA国内で生産財と交換に得られる消費財の量であるから，(11.10)は，A国内で生産財1単位と交換される消費財の量が，B国内で生産財1単位と交換される消費財の量よりも少ないことを意味している．したがって，A国は自国で消費財を生産するよりも，B国から輸入するほうが有利だということになる．逆に，B国から考えると，B国は生産財を自国で生産するよりも，A国から輸入するほうが有利になる．すなわち，A国は生産財に比較優位があり，B国は消費財に比較優位がある．

貿易市場で与えられる相対価格が$q^*=\dfrac{p_1^*}{p_2^*}$だとしよう．この相対価格q^*が両国の閉鎖経済の相対価格q，$\bar{q}$に対して次の範囲（**図表11-7の②**）にあるとき，A国では生産財の輸出と消費財の輸入が，逆にB国では消費財の輸出と生産財の輸入が有利になる（**数学注2を参照**）．

$$q(1+r)<q^*<\dfrac{\bar{q}}{1+\bar{r}} \tag{11.11}$$

これからわかることは，閉鎖経済でそれぞれの国の相対価格に差があっても，それだけで貿易が生じるわけではなく，利潤率の大きさも関係するとい

図表11-7　貿易価格と特化

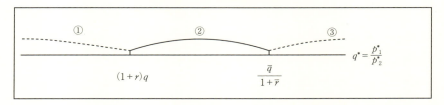

うことである．閉鎖経済の両国の利潤率 r，$\bar{r}$ が大きければ大きいほど，貿易がおこなわれる貿易市場の相対価格の範囲は狭くなる．もし，競争的な市場圧力によって国内利潤率が下落すれば，両者の範囲が拡大し，貿易をさらに促進するように作用するのである．

なお，本節では無視したが，運送費や関税など，貿易には費用がかかる．大型タンカーや冷凍技術の進歩といったイノベーションの進展は，貿易費用を大きく引き下げてきた．また，様々な経済連携・自由貿易協定によって関税等が引き下げられてきた．

輸送費や関税が1単位あたり b だとすると，(11.6) 式は $p_2 > (1+r)p_2^*(1+b)$ に，(11.11) 式は，

$$q(1+r)(1+b) < q^* < \frac{\bar{q}}{(1+\bar{r})(1+b)} \tag{11.12}$$

となる．貿易費用 b の低下は，貿易市場の相対価格の範囲を拡大し，国際貿易を促進する．

貿易と為替レート

他国と貿易をおこなうことで，両国の当事者が利益を得ることを説明した．ところで，貿易が有利になる条件 (11.6) の左辺 p_2 は，A国が日本だとすると $\frac{(円)}{(消費財)}$ という名数をもつ．他方，右辺の p_2^* は，貿易取引が国際通貨ドルでおこなわれるならば $\frac{(ドル)}{(消費財)}$ という名数をもつので，国内価格 p_2 と直接に比較できない．比較可能にするためには，為替レート e を掛け

ることで，両者を円単位で評価しなければならない．

したがって，為替レートの大きさが貿易に関係する．前章で学んだように，為替レート e はA国通貨（円）とB国通貨（ドル）の需給で決まる．円とドルの需給は，貿易取引の決済だけでなく，金融取引の影響も受ける．たとえば，日本のアメリカに対する貿易収支が黒字であっても，日本がアメリカ国債等の有価証券を大量に購入するならば，ドル需要がふくらみ，円安ドル高（為替レート e の上昇）が進む．その結果，輸入される消費財の国内価格が上昇し，貿易に有利に作用する．このように，貿易収支は為替レートを決定する重要な要因であるが，短期的には資本収支の動きによって大きく影響され，(11.12) の範囲を逸脱することがある．

次に，本章の貿易の利益は，貿易収支が均衡しているもとで，両当事者間に生じる利益であることに注意しよう．国内で生産された生産財よりも安い価格で生産財を輸入すれば，企業収益は増大する．また，消費財の場合には，国内消費者がより安い価格で同じ消費財を購入すれば，彼らの満足は高まる．こうして，貿易収支が均衡しているもとでも，貿易当事者は利益を得る．

しかし実際には，輸入はそれに見合う輸出がなくても，外貨準備の支払いで決済することが可能である．また，国内消費者の輸入が自国財に対する外国への輸出を上回るならば，その差額は自国の外貨準備の支払いでおこなわれる．(10.8) 式が示すのは，一国全体としての総利潤と貿易収支の関係である．貿易収支赤字で総利潤が減少するとしても，輸出や輸入に関わる企業や消費者が得る利益が消えてなくなるわけではない．図表11-4で見たように，アメリカは世界の貿易赤字を一手に引き受けており，他の国は黒字である．貿易はアメリカに対して一国利潤率を下げるように作用するが，貿易に関わるアメリカの経済主体が，貿易によって利益あるいは満足を得ていることに変わりはない．

ただしそれは，輸入超過の支払いにあてる外貨準備が存在するかぎり，という条件がつく．外貨準備が枯渇した場合，あるいは外貨不足を補う外国からの借り入れが困難になったときには，輸入は不可能になり，貿易の利益を

享受できない.

4. 搾取と収奪

　貿易は両国にとって有利であるが，同時に，搾取と収奪が世界に広がることでもある．

　A国とB国は比較優位の部門に特化して，互いに貿易をおこない，利益を得ている．ところで，第3章で見たように，利潤が存在するためには剰余労働が存在しなければならない．両国はどのようにして剰余労働を獲得しているのだろうか．

　A国は生産財の生産に特化し，B国は消費財の生産に特化し，それぞれの価格を p_1, p_2, 利潤率を r_1, r_2 としよう．A国とB国の貨幣賃金率を w_1, w_2 とすると，次の式が成り立つ．

$$p_1 = (1+r_1)(a_1 p_1 + \ell_1 w_1) \tag{11.13}$$

$$p_2 = (1+r_2)(a_2 p_1 + \ell_2 w_2) \tag{11.14}$$

$$w_1 = R_1 p_2 \tag{11.15}$$

$$w_2 = R_2 p_2 \tag{11.16}$$

　(11.13)～(11.16) から，図表11-6と同じような図が得られる．図表11-6ではA国内の2つの部門の均等利潤率の決定だったが，今度は生産財を生産するA国と消費財を生産するB国の間の国際分業と読みかえればよい．違いは，実質賃金率が両国で異なることである．

　図表11-6から明らかなように，右上がりのA国の利潤率 r_1 と，右下がりのB国の利潤率 r_2 が交わる均等利潤率が正の値をとるためには，次の不等式が成り立っていなければならない．

$$\frac{1-\ell_2 R_2}{a_2} > \frac{\ell_1 R_1}{1-a_1} \tag{11.17}$$

ここから，均等利潤率 $r=r_1=r_2$ が正の値をとるためには，次式のように，両国の実質賃金率の加重平均値について搾取が存在しなければならないことがわかる．

$$1-\{R_1a+R_2(1-a)\}t_2>0 \tag{11.18}$$

ここで t_2 は，(11.1)(11.2) から決まる，消費財1単位の生産に必要な世界全体の投下労働量である．a はそのうちA国労働が占める労働の割合，$a=\dfrac{a_2t_1}{t_2}$ である[6]．(11.18) は，

$$a(1-R_1t_2)+(1-a)(1-R_2t_2)>0 \tag{11.19}$$

と変形できる．A国で搾取が存在することは $1-R_1t_2>0$，B国で搾取が存在することは $1-R_2t_2>0$ と書けるので，もし両国で搾取があれば，当然 (11.19) は成り立つ．しかし，仮にA国に搾取が存在しなくても，B国に搾取があれば，(11.19) は成立しうる（**図表11-8**）．この場合，A国はB国の剰余労働を収奪することで，正の利潤を支える剰余労働を獲得しているのである．

国境を越える剰余労働の移転は，労働者が移民や出稼ぎによって国境を越えて移動することで生じるのではない．各国の労働者がたとえ国内で労働に従事していても，生産物が国を越えて取引されれば，剰余労働は移動する．一般的に，技術水準が高く，実質賃金率が低いほど，その国の労働者はより多くの剰余労働をおこない，その一部は外国に取得されている可能性がある．

5．グローバル化と格差の拡大

国境を越える経済活動は，多国籍企業がその一部を担っている．企業は経

---

6) ただし，この簡明な表現は，各国の消費バスケットが同一である場合に限定される．

図表11-8　A国に搾取がなくとも，貿易をおこなうことで，両国の利潤は正になる

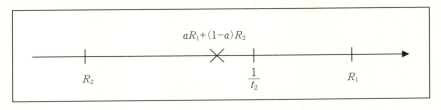

済活動をすべて収益基準でおこなう．アメリカ企業であっても，ヨーロッパで安価に資金調達できれば，ヨーロッパで債券を発行する．東南アジアで低賃金の優秀な人材が確保できれば，東南アジアに生産拠点を移す．日本で商品が高く売れそうであれば，日本で販売をおこなう．現在では，主要企業のほとんどは，国境を越えたグローバルな活動をおこなっている．

その結果，一国の利益と多国籍企業の利益は一致しなくなる．たとえば，海外に生産拠点を移して自国に輸入する逆輸入は，企業にとっては収益活動であるが，一国の貿易収支の赤字要因になる．多国籍企業は各国市場を自由に選択することで収益機会を見出すので，貿易や資本取引の自由化を促進する経済的動機をもつ．このような多国籍企業がその国の政府に対して影響力をもつようになれば，企業の利害が国家間の外交を通じて展開される．貿易自由化や規制緩和に関する国際協定，2国間協定には，関係する多国籍企業の利害が反映され，自国の制度を国際ルールに拡大しようとする誘因が働く．

近年，各国で所得分配の格差が問題となっている．**図表11-9**は，アメリカと日本の上位1％の高所得者の所得が全体の所得に占める割合を，1910年から2010年までの100年間にわたって調査したトマ・ピケティの研究の一部である．

20世紀は，高所得者のシェアは傾向的に低下し，所得分配の平等化が進展したが，1970年から80年頃を境に逆転し，上昇に転じている．ピケティはアメリカ以外の主要国や発展途上国についても調査をおこなっているが，やはり同じようなU字型の変化を示している．

図表11-9 アメリカと日本の所得分配の不平等(1910〜2010), 総所得に占める上位1％のシェア

(出所) トマ・ピケティ『21世紀の資本』(みすず書房, 2014年), 328ページ, 330ページ.

このような所得格差の拡大には, 様々な要因が関わっている. 主なものは次の5つである.

① 技術進歩の影響……IT技術の進展によって, コンピュータなどの操作スキルをもった熟練労働者の所得は増大するが, スキルをもたない非熟練労働は技術進歩によって淘汰され, 所得機会を失う.

② 貿易の影響……豊富な非熟練労働をもつ途上国は非熟練労働集約的な商品を輸出し, 熟練労働が豊富な先進国は熟練労働集約的な商品を輸出する. その結果, 先進国では非熟練労働に対する需要が減り, 途上国では非熟練労働への需要が増える. これが各国, 各地域内の格差を拡大する.

③ 生産拠点の移転……生産拠点を全体として移転するケースから, その一部を移転するアウトソーシングまで, 様々な形で生産の海外移転が進んでいる. 移転先の企業では相対的に高い賃金が得られるので, 在来型企業の労働者との間に格差が広がる. また外国資本の参入は, 全般的な賃金水準を引き上げるように作用する.

④ 成長率低下による販売競争の激化……1970年代以降, 世界の経済成長率は低下している. 成長率の低下にともない, 販売市場をめぐる各国間の争奪戦は激しくなり, グローバルな市場で勝者となる一部の企業と, 敗者

となる大多数の企業の差が大きくなる．これが国内でも，また各国間でも格差の拡大をもたらす．
⑤ 労働市場の格差……資本家は競争を勝ち抜くために，最大の費用要因である賃金を引き下げる誘因が強まる．特に日本では，正規労働と非正規労働の格差は大きく，非正規労働の比率は男女ともに上昇している．これが労働者家計内部での格差を拡大する．

経済活動のグローバル化は世界市場の一体化であり，市場競争の激化である．国民経済の安定と発展を図るために，グローバル化の進展に対して国民生活の立場から必要な規制をおこなうことが，ますます重要な課題となる．

【キーワード】
国際分業，貿易の利益，剰余労働の収奪，分配の不平等

【議論してみよう】
1. 財務省の貿易統計を http://www.customs.go.jp/toukei/info/index.htm で見て，日本の主要な輸出入の商品や金額，相手国を調べてみよう．
2. 日本経済のグローバル化が日本経済の成長に果たした役割を考えてみよう．
3. 経済のグローバル化が日本の地域経済にどのような影響を及ぼしているか，プラス面とマイナス面の両方から考えてみよう．

【参考文献】
Samuel Bowles, Richard Edwards, Frank Roosevelt and Mehrene Larudee, *Understanding Capitalism:* 4th edition, Oxford University Press, 2017.
浦田秀次郎，財務省財務総合政策研究所編『グローバル化と日本経済』（勁草書房，2009年）．
David N. Weil, *Economic Growth*, Pearson Education, 2009.
菊本義治ほか『グローバル化経済の構図と矛盾』（桜井書店，2011年）．
トマ・ピケティ『21世紀の資本』（みすず書房，2014年）．
萩原泰治「グローバルな投下労働量の計測」国民経済雑誌，189(2)：17-31，2004年．

数学注1　$r < r'$の証明

(11.5)を(11.3)(11.4)に代入して，両辺をp_2で割ると，

$$q = (1+r_1)(a_1 q + \ell_1 R) \tag{11.20}$$
$$1 = (1+r_2)(a_2 q + \ell_2 R) \tag{11.21}$$

これを図示したのが図表11-6である．この閉鎖経済の均等利潤率r，均衡価格qのもとで(11.6)式が成り立つとしよう．消費財をp_2^*で輸入してA国内で販売すれば，均等利潤率rよりも高い利潤率r^*を獲得できる．

$$p_2 = (1+r^*)p_2^* > (1+r)p_2^* \tag{11.22}$$

消費財の輸入価格p_2^*は所与で，A国の交易条件は貿易の前後で一定なので，

$$p_2^* = \alpha p_1' = \alpha p_1 \tag{11.23}$$

となる．これを(11.22)の第1式に代入して両辺をp_2で割ると，

$$1 = (1+r^*)\alpha q \tag{11.24}$$

閉鎖経済の均衡価格のもとで，消費財部門の利潤率は**図表11-10**のE点であるが，消費財を輸入することによって利潤率はA点に移動する．消費財の輸入部門の利潤率r_2'は(11.24)より相対価格qの減少関数であるから，図表11-10のように右下がりとなって，開放体系の均等利潤率，均衡相対価格はE'になる．したがって，貿易によって均衡利潤率は必ず上昇（$r<r'$）し，相対価格（$\frac{p_1'}{p_2'}$）は増大する．(11.23)からp_1'は一定なので，消費財価格p_2'は低下することがわかる．

図表11-10　A国の利潤率と相対価格

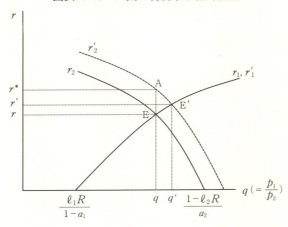

数学注2　有利な交易条件の導出

　貿易市場での相対価格 $q^* = \dfrac{p_1{}^*}{p_2{}^*}$ は，生産財が何単位の消費財と交換されるかを表している．A国が1単位の消費財を得るには，生産財を $\dfrac{1}{q^*}$ 輸出すればよい．その費用は $\dfrac{p_1}{q^*}$ だから，貿易がA国に有利である条件（11.6）は次のように書きなおせる．

$$p_2 > (1+r)p_2{}^* = (1+r)\dfrac{p_1}{q^*} \tag{11.25}$$

同じように考えると，B国が生産財を輸入するのが有利な条件は，

$$\overline{p_1} > (1+\overline{r})p_1{}^* = (1+\overline{r})\overline{p_2}q^* \tag{11.26}$$

（11.25）（11.26）より本文の（11.11）を得る．

$$q(1+r) < q^* < \dfrac{\overline{q}}{1+\overline{r}}. \quad \text{ただし，} q = \dfrac{p_1{}^*}{p_2{}^*}. \tag{11.11}$$

コラム　多国籍企業

　多国籍企業とは，活動拠点を一国に限らず，世界各国で活動している巨大企業のことである．

　UNCTAD（国連貿易開発会議）の世界投資報告書によると，海外資産額による多国籍企業ランキング（2016年）では，上位25社の中に日本は最多の6社が入り，ドイツが4社，アメリカとイギリスが各3社であった．業種では石油精錬業，自動車，電機，通信業種が多くを占めている．

　海外資産額1位はロイヤル・ダッチ・シェル社で，全資産の85％を海外に保有し，従業員の73％にあたる6万7千人を海外で雇用している．

　海外資産のランキング上位100社を見ると，アメリカ（22社），イギリス（15社），ドイツ（11社），フランス（11社），日本（11社）の5カ国で70社を占めている．

世界の多国籍企業海外資産ランキング（上位15社，2016年）

	企業名	母国	業種	資産（億ドル）	
				海外	全社
1	ロイヤル・ダッチ・シェル	イギリス	石油	3497	4113
2	トヨタ自動車	日本	自動車	3037	4360
3	ブリティッシュ・ペトロリアム	イギリス	石油	2351	2633
4	トタル	フランス	石油	2332	2435
5	アンハイザー・ブッシュ・インベブ	ベルギー	食品	2080	2584
6	フォルクスワーゲン	ドイツ	自動車	1973	4319
7	シェブロン	アメリカ	石油	1891	2601
8	ゼネラル・エレクトリック	アメリカ	電機・電子	1785	3652
9	エクソンモービル	アメリカ	石油	1660	3303
10	ソフトバンク	日本	通信	1456	2203
11	ボーダフォン	イギリス	通信	1436	1654
12	ダイムラー	ドイツ	自動車	1390	2561
13	本田技研工業	日本	自動車	1301	1695
14	アップル	アメリカ	コンピュータ	1268	3217
15	BHPビリトン	オーストラリア	鉱業	1190	1190

（出所）UNCTAD, annex table 24より作成．

おわりに

　経済学は難しい，という話をよく耳にする．理論が抽象的でわかりにくい，実際の身近な問題とどう関わるのか理解しにくい，という悩みを抱える学生は多いのではないか．このような悩みには，うなずける部分もあるし，他方で，学生に努力を求めたい部分もある．

　うなずける部分というのは，経済学の教科書があまりに多くの数式であふれていることである．しかし，問題は数式を使うことそのものにあるのではなく，数式を使う場合にその意味と意義が十分に説明されていないことにあると感じている．本書でもかなり数学が使われているが，十分に説明して使うようにしたつもりである．

　数式やモデルには，優れた点もある．実際の経済は複雑である．複雑な現実をそのまま分析しても，理解は進まない．複雑な現実の経済問題は，単純な数式や方程式で表現できること，それが私たちの理解を進める助けになり，きわめて有効であることが，長い経済学の歴史を通じて明らかにされてきた．このことを理解できれば，複雑に入り組んだ経済問題の見通しがよくなる．

　たとえば，需要曲線や供給曲線を考えてみよう．需要量，供給量は，多くの要因に依存しており，価格はその一つにすぎない．価格に対応して一つの需要量，供給量が決まると考えることは，大胆な単純化である．しかし，市場価格の決定とその機能を，まず単純なケースで理解し，その後でより複雑なケースに進んでいくことは，経済を理解するうえで有効である．

　あるいは，利潤の存在を考えてみよう．資本主義にとって利潤の概念はきわめて重要であり，その決定や運動にふれない資本主義経済の理論は考えられない．この利潤率がどう決定されるか，それが正の値をとるのはどうしてなのか．このような問題を真正面から議論しているのも本書の特徴であるが，そこでも単純なモデルを使っている．

初めは戸惑うかもしれないが，本書で使う数学は，中学校程度の数学で十分に理解できる．どうか粘り強く，紙とペンを使いながら読み進めてほしい．

さて，本書は，資本主義経済を理解するために必要な基礎を学ぶ目的で書かれている．「はじめに」で述べたように，第Ⅰ部のキーワードは私的所有，再生産，剰余，分業，賃金，利潤，投資などであり，第Ⅱ部のそれは価格，生産，雇用，成長，循環，財政・金融政策，貿易とグローバル化である．これで現代の経済問題がすべて尽くされているわけではないが，日々生起する問題を経済学の視点から考えるうえで不可欠な事柄は示したつもりである．

現代の経済は，多くの新しい問題に直面しており，その意味でたいへん興味深い時代である．低成長と人口減少は，人類社会が初めて経験することであるし，グローバル化のこれほどの進展も，かつて経験したことはない．自国と外国との貿易摩擦や，移民などをめぐる排外的な傾向も，このグローバル化の中で生じているところに新しい特徴がある．巨額の累積債務の問題は，過去にも何度か経験しているが，そのときはハイパーインフレや戦争に突入することで「解消」された．今回も同じ道を歩むのかどうか．これらはいずれも，容易に解決策が見つからない難問ばかりである．

本書は基礎理論を解説したものだが，日本経済・世界経済が直面するこれらの問題についても，可能な範囲でふれている．読者のみなさんが，経済学の基礎を学んだうえで，これらの問題をみずから考えていくよう願っている．

本書は，それぞれの章の担当者が原案を作成したが，その後，互いに議論を交わし，修正に修正を重ねて完成された．その意味で本書は，著者8名全員の共同執筆である．

最後に，大月書店の木村亮氏には，本書の構想から内容に至るまで，丁寧なサポートをしていただいた．彼の援助がなければ，おそらく本書が日の目を見ることはなかったであろう．

2018年12月

著者一同

索　引

あ　行

赤字国債　　→特例国債
インフレ・ターゲット　　134
置塩信雄　　108

か　行

階級　　8, 22
格差　　12-13, 90, 173-74
拡大再生産　　21, 105
価値　　25-26
稼働率　　80
株式会社　　6, 15
貨幣　　24, 67
貨幣乗数　　71
貨幣賃金率　　32-33
貨幣の機能　　67
貨幣発行権　　64
貨幣量　　69
カルドア（Nicholas Kaldor）　　99
カレツキ（Michal Kalecki）　　99
間接交換　　24
間接税　　65
間接労働　　26, 38
完全雇用　　93
管理通貨制度　　68
企業内分業　　22
技術革新　　11
技術進歩　　114
希少性　　79
逆進性　　65

教育費　　122-23
共同所有　　4
共有　　→共同所有
均衡価格　　78
均衡所得　　93
均衡生産水準　　92-93, 95-96
均衡蓄積軌道　　114
均衡予算乗数　　128
均等利潤率　　83, 88
金本位制度　　68
金利裁定式　　150, 156
金利平価説　　150
具体的有用労働　　25
軍事費　　124-25
景気循環　　11-12
経常収支　　144-45
ケインズ（J.M. Keynes）　　53, 76, 92, 96-98
限界消費性向　　92
限界生産力　　55, 96
現金　　69
建設国債　　129
交易条件　　143
公的所有　　4
購買力平価　　151-52
公有　　→公的所有
国債　　66
国債費　　66, 122
国民負担率　　125
国家の強制力　　63
固定為替レート制　　153, 157
雇用量　　93, 96, 111

181

さ 行

最終需要　51
歳出　66, 122
財政健全化　129
再生産　17-18, 22, 43, 78
財政の硬直化　131
財政ファイナンス　130
最低必要資本量　22
歳入　64-66
搾取　21, 39-40, 43, 45, 54-56, 171
搾取率　57
産業資本主義　9
産出　16
Jカーブ効果　144, 46
市場の失敗　85
市場メカニズム　23, 28, 62, 78-79
失業　93, 96
実現問題　21, 51
実質為替レート　143
実質賃金率　33, 36, 40, 43, 56-58, 83-84, 88, 95, 111
実質貿易収支　144
実質利子率　134-35
私的所有　4
支払労働　57
資本　6
資本移動　79, 82
資本家　5
資本家階級　8, 22
資本蓄積　6, 49, 51
資本蓄積率　52, 58, 107-108, 111
社会的分業　23, 28
社会保障支出　66, 122
私有　→私的所有

収入　34
純生産　18, 50, 100
純生産可能条件　18, 27
順調な拡大再生産経路　107, 113, 117-19
準備金　70
商業資本主義　9
乗数　93-94, 128
消費　51
消費財　27
消費者物価指数　33
商品貨幣　68
剰余生産物　19, 51, 99-100
剰余労働　39-40
所得再分配　125
所有　3
新古典派　76, 96-97, 128
新自由主義　63
信用創造　70
スミス（Adam Smith）　22
生産価格　83
生産関係　18, 22, 61
生産技術　26, 41
生産財　27
生産手段　5, 17
生産の無政府性　28
成長率　10, 107
政府支出　51, 127-28
セー法則　98
総供給　50
総需要　50
総需要管理政策　66, 127-28
租税　50, 63
粗付加価値　50

た 行

兌換紙幣　68
短期　79
単純再生産　21, 104, 116
蓄積需要　→投資
地方交付税交付金　66, 126-27
中央銀行　69-72, 157
中間需要　51
中間投入　50
抽象的人間労働　25
長期　79
徴税権　64
直接交換　24
直接税　64
直接労働　26, 38
貯蓄　52
賃金　31-33, 50
賃金労働者　7
伝統的金融政策　132
投下労働量　26, 38
投資　49, 51-53, 98-100, 103
投資関数　98
投資の二重性　53, 82, 103
投入　16
特例国債　129

な 行

二重の意味で自由な労働者　7-8, 20

は 行

ハイパワード・マネー　70-71
ハロッド（R.F. Harrod）　107-108, 110
ハロッド＝置塩型投資関数　108
ピケティ（Thomas Piketty）　13, 90, 173

必要生産物　19, 51
非伝統的金融政策　133
費用　34
ビルトイン・スタビライザー　128
不換紙幣　68
不均衡累積過程　82, 109-13
福祉国家　62
物々交換　24
不払労働　57
分業　22
分散的所有　6
平均消費性向　92
変動為替レート制　153, 157
貿易収支　139, 164
貿易マトリックス　163-65
補填需要　→中間需要
ポランニー（Karl Polanyi）　30

ま 行

マーシャル＝ラーナー条件　144, 156
マネーストック　69-71
マルクス（Karl Marx）　39-40, 115, 120
マルクスの基本定理　39-40
ミンスキー（Hyman Minsky）　76
名目賃金率　→貨幣賃金率

や 行

夜警国家　62
有効需要の原理　92, 96
輸出　51
輸入　51
預金　69
欲望の二重の一致　24
予想利潤率　98, 108

索引　183

ら 行

利潤　　31, 34, 41, 50-52, 54-56
利潤の存在条件　　37-40, 45, 50, 58
利潤率　　35-36, 51-52, 79, 111, 120
利子率　　72
流動性の罠　　133
累進課税制度　　64

労働　　17
労働価値　　25
労働組合　　43, 62
労働者　　7
労働者階級　　8, 22
労働生産性　　11, 38, 40, 42
労働の交換　　23, 32

著者略歴（50音順，2021年10月現在）

阿部太郎（あべ　たろう）第6章
1974年生まれ，名古屋学院大学経済学部教授．論文："A Historical Perspective and Evaluation of Abenomics," in Masao Ishikura *et al.* (ed.) *Return of Marxian Macro-Dynamics in East Asia*, Emerald, 2017.（共著），"Egalitarian Policies and Effective Demand: Considering Balance of Payments," in *Journal of Business Theory and Practice*, 5(2), 2017.

大坂　洋（おおさか　ひろし）第3章・第4章
1964年生まれ，富山大学経済学部准教授．著書：『経済学と経済教育の未来』（共編著，桜井書店，2015年），『1からの経済学』（共著，碩学社，2010年）．

大野　隆（おおの　たかし）第2章
1974年生まれ，同志社大学経済学部教授．論文："Models of Competition Between Firms: Endogenous Market Structure in the Kaleckian Model," in *Metroeconomica*, 64(1), 2013., "The Role of The Taylor Principle in The Neo-Kaleckian Model When Applied to An Endogenous Market Structure," in *Structural Change and Economic Dynamics*, 31, 2014.

佐藤　隆（さとう　たかし）第1章・第2章
立命館大学経済学部教授．論文：「債権債務関係と商品交換――あるいは市場における権力の生成」（市田良彦・王寺賢太編『現代思想と政治――資本主義・精神分析・哲学』平凡社，2016年），「資本の循環定式と複式簿記の規則」（『大分大学経済論集』第68巻第5‐6号，2017年）．

佐藤良一（さとう　よしかず）第7章・第8章
1950年生まれ，法政大学名誉教授．著書：『新版 マクロ経済学』（共著，勁草書房，2009年），『市場経済の神話とその変革』（共編著，法政大学出版局，2003年）．

中谷　武（なかたに　たけし）第11章
1948年生まれ，神戸大学名誉教授．著書：『価値，価格と利潤の経済学』（勁草書房，1994年），『新版 マクロ経済学』（共著，勁草書房，2009年）．

二宮健史郎（にのみや　けんしろう）第5章・第9章
1967年生まれ，立教大学経済学部教授．著書：『金融不安定性のマクロ動学』（大月書店，2018年），『金融恐慌のマクロ経済学』（中央経済社，2006年），『金融構造の変化と不安定性の経済学』（共著，日本評論社，2024年）．

伴　ひかり（ばん　ひかり）第10章
1963年生まれ，神戸学院大学経済学部教授．著書：『グローバル経済の応用一般均衡分析』（晃洋書房，2011年），『経済政策入門』（共著，法律文化社，2020年）

装幀　森デザイン室

シリーズ　大学生の学びをつくる
資本主義がわかる経済学

2019年2月15日　第1刷発行
2024年9月20日　第4刷発行

定価はカバーに
表示してあります

著　者　阿部太郎・大坂　　洋
　　　　大野　隆・佐藤　　隆
　　　　佐藤良一・中谷　　武
　　　　二宮健史郎・伴　ひかり

発行者　中川　進

〒113-0033　東京都文京区本郷 2-27-16

発行所　株式会社　大月書店　　印刷　太平印刷社
　　　　　　　　　　　　　　　製本　中永製本

電話（代表）03-3813-4651　FAX 03-3813-4656　振替 00130-7-16387
http://www.otsukishoten.co.jp/

©Abe Taro *et al.* 2019

本書の内容の一部あるいは全部を無断で複写複製（コピー）することは法律で認められた場合を除き、著作者および出版社の権利の侵害となりますので、その場合にはあらかじめ小社あて許諾を求めてください

ISBN978-4-272-11124-4　C0033　Printed in Japan

シリーズ 大学生の学びをつくる

税別価格

大学生の学習テクニック 第3版

森靖雄著
A5判/288頁/1800円
(2014.12)

これ1冊で，大学生活がみるみる充実！ 講義やレポートから就活まで，丸ごとサポート．累計7万部を売り上げたロングセラーの最新改訂版．

貿易入門
世界と日本が見えてくる

小林尚朗，篠原敏彦，所康弘編
A5判/280頁/2300円
(2017.4)

貿易の理論や歴史，今日の課題，さらには貿易実務までカバーする入門テキスト．貿易をめぐる話題が絶えない現代社会の理解に．

大学生になるってどういうこと？
学習・生活・キャリア形成

植上一希，寺崎里水，藤野真著
A5判/192頁/1900円
(2014.4)

多くの大学で課題となっている初年次教育．大学での生活や学習方法の基礎がわかり，4年間と卒業後のビジョンが描ける実践的テキスト．

99％のための経済学入門 第2版
マネーがわかれば社会が見える

山田博文著
A5判/240頁/1900円
(2016.7)

1％の富裕層に仕える経済学ではなく99％の生活者のための経済学を．アベノミクスの矛盾や中国経済など最新データを補足した第2版．

大学生のためのメンタルヘルスガイド
悩む人，助けたい人，知りたい人へ

松本俊彦編
A5判/224頁/1800円
(2016.7)

大学生が直面しやすいメンタルヘルスの問題に対して，それぞれの分野を代表する専門家がやさしく解説．処方箋となる1冊．

わかる・身につく歴史学の学び方

大学の歴史教育を考える会編
A5判/208頁/2000円
(2016.11)

概説書・研究書・論文の読み方，ノートのとり方，ゼミ発表，そして卒論執筆．大学4年間の学びに欠かせないワザと工夫を指南．